사마천,
아웃사이더가 되다

탐 철학 소설 18

사마천, 아웃사이더가 되다

초판 1쇄	2015년 3월 2일
초판 3쇄	2017년 7월 5일

지은이	이문영

책임 편집	신정선
마케팅	강백산, 김가연, 강지연
디자인	땡스북스 스튜디오, 유민경
표지 일러스트	박근용

펴낸이	이재일
펴낸곳	토토북

주소 04034 서울시 마포구 양화로11길 18 3층 (서교동, 원오빌딩)
전화 02-332-6255 ㅣ 팩스 02-332-6286
홈페이지 www.totobook.com ㅣ 전자우편 totobooks@hanmail.net
출판등록 2002년 5월 30일 제10-2394호
ISBN 978-89-6496-248-0 44100
ISBN 978-89-6496-136-0 44100 (세트)

● 이 책의 사용 연령은 14세 이상입니다.
● 탐은 토토북의 청소년 출판 전문 브랜드입니다.

사마천,
아웃사이더가 되다

이문영
지음

탐
철학
소설

티음

흩어진 천하의 옛 자료를 수집 망라하여

왕들이 행한 일들의 전말에 대해서 탐구하고

그 성쇠를 관찰한 다음 그 사실 진행에 근거하여

논술 고증하여 간략히 삼대(三代)의 사실을 추구하고

진한(秦漢)의 사실을 기록하여 위로는 황제(黃帝)로부터

아래로는 현재에 이르기까지 12본기로 서술하였다.

- 《사기》〈태사공자서〉 중에서

차례

《사기》에 담긴 불멸의 진리

사마천은 중국의 역사가로 《사기》라 불리는 훌륭한 역사책을 썼습니다. 《사기》는 중국인의 공통 시조 황제로부터 사마천이 살았던 당시 한무제[1]에 이르는 근 3천 년을 기록한 통사입니다. 중국에는 정말 중요하다고 생각하는 24개의 사서가 있는데, 《사기》는 그 첫 번째를 장식하는 책입니다.

《사기》는 본기 12편, 표 10편, 서 8편, 세가 30편, 열전 70편 등 5가지 체제에 총 130편의 글로 구성돼 있습니다. 이런 체제를 만든 사람도 바로 사마천입니다.

'본기'는 왕조의 흥망사이며 왕조를 다스린 제왕들의 역사를 기록했습니다.

'표'는 말 그대로 연표를 정리한 것입니다.

'서'는 총 8항목으로 되어 있는데, 예법을 다룬 〈예서〉, 음악을 다룬 〈악서〉, 군사 문제를 다룬 〈율서〉, 날짜와 달력을 다룬 〈역서〉, 천문을 다룬 〈천관서〉, 하늘과 땅에 지낸 제사를 다룬 〈봉선서〉, 치수 사업을 다룬 〈하거서〉, 경제 정책을 다룬 〈평준서〉가 그것입니다. 이렇게 서는 정치, 사회, 문화, 과학 등을 기록하고 있어 문화사나 제도사적 성격을 띠고 있습니다.

'세가'에서는 제후들의 역사를 기록했습니다. 세가 편의 특이한 점은 제후가 아닌 보통 사람인 공자[2]와 진승[3]에 관한 이야기가 실려 있다는 것입니다. 사마천은 이 두 사람이 제후만큼이나 큰 영향력을 발휘했다고 생각해서 세가 편에 집어넣은 것 같습니다.

이제 《사기》의 백미라 할 수 있는 '열전'의 차례군요. 열전은 위인전과 같은 것이 아니라 한 편의 이야기를 의미합니다. 열전에는 중국의 북쪽 지방에 있던 유목민으로 중국과 오랜 시간 숙적으로 지낸 흉노나 고조선 같은 나라의 기록도 들어 있습니다.

《사기》의 역사 서술 방식을 '기전체'라고 부르는데, 그것은 '본기'의 '기'와 '열전'의 '전'을 합한 말입니다. 그만큼 본기와 열전이 중요하게 여겨졌음을 알 수 있습니다. 우리나라의 《삼국사기》나 《고려사》도

기전체 방식으로 쓰인 역사책입니다.

사마천은 첫 정사(正史)를 썼을 만큼 아주 오래전 사람입니다. 고조선의 왕검성이 함락되었던 시절에 살던 사람이죠. 바로 그해(B.C 108년)에 사마천이 태사령이라는 지위에 올랐는데 태사령은 역사와 천문을 다루는 관리입니다. 태사령이었기 때문에 사마천을 태사공이라고도 부릅니다. 《사기》도 처음에는 《태사공서》라고 불렸습니다. 태사공이 쓴 역사책이라는 뜻이죠.

그런데 왜 역사학자가 천문, 오늘날로 보면 천체물리학자의 일을 겸했을까요?

지금 세상에서 보면 역사와 천문학이 별 관련이 없어 보이지만 고대에는 그렇지 않았습니다. 고대에는 하늘이 역사를 관장한다고 믿었고, 혜성이 나타나거나 하는 이변이 생기면 그것은 하늘이 지상의 인간들에게 뭔가 중요한 것을 알리려는 것이라 믿었습니다. 이 때문에 하늘의 변화를 기록해야 하는 사람이 필요했고, 그 사람은 하늘에 올리는 제사도 주관해야 했습니다. 또한 하늘의 뜻을 맞히는 무당 노릇도 해야 했습니다. 이것이 바로 고대 사관이 했던 일입니다.

역사가와 천문학자는 고대에는 동일한 직책이었습니다. 사마천 역시 하늘의 현상을 읽어서 나라의 운명을 알 수 있다고 생각했고, 그런 사마천의 생각은 《사기》 안에서 쉽게 찾아볼 수 있습니다. 한 예를 들면 이렇습니다.

태세(목성)가 서쪽에 있으면 풍년이 들고, 북쪽에 있으면 흉년이 들며, 동쪽에 있으면 기근이 들고, 남쪽에 있으면 가뭄이 든다. 이 것은 일반적인 규칙이다.

－《사기》〈천관서〉

"그런 미신이나 적어 놓은 책이라면 읽을 가치가 없는 거 아닌가요?" 하는 의문이 들 수도 있을 것입니다. 하지만 이 책이 기원전 1세기에 만들어진 책이라는 점을 감안해야 합니다. 그리고 오늘날에 보면 미신에 불과한 이런 허황된 이야기들 역시 그 시대의 문화를 연구하는 데 소중한 자료가 됩니다.

사실 《사기》에는 허황된 이야기보다도 소중하고 가치 있는 이야기들이 많습니다. 옥을 놓고 그 티에만 집중하는 것은 잘못된 자세입니다. 또한 반대로 어떤 일의 장점에 관해서 이야기하기 위해 단점을 아예 외면하는 것도 역사학에서 경계해야 할 자세입니다. 역사학은 사실을 다루는 학문으로 사실 자체를 변경하거나 자기 뜻에 맞게 왜곡해서는 안 됩니다. 《사기》에는 지금 말한 것처럼 잘못된 지식도 있지만 그건 극히 일부라는 점을 알고 나면 《사기》를 보는 것이 훨씬 편해집니다. 어떤 역사서나 시대적 한계를 벗어날 수는 없습니다. 사람이 하는 일이니까요.

모든 인간의 기록은 그가 속해 있던 시간과 환경의 영향에서 벗어날 수 없습니다. 그리고 현대 역사가들은 모두 이 사실을 잘 알고 있습니다.

역사는 기록에 의해서 구성되는데, 그 기록이 모두 진실일 리는 없습니다. 오늘날에도 어떤 잘못된 사실이 마치 진실처럼 알려지는 일이 적지 않습니다. 가령 잘못된 뉴스의 경우, 나중에 정정 보도가 나와도 사람들은 처음에 본 뉴스 내용만 기억하곤 합니다. 이처럼 오늘날에도 사실에 대한 잘못된 기록, 오해와 같은 일들이 얼마든지 일어날 수 있습니다. 과거라고 해서 다를 것이 없습니다. 따라서 역사학에서는 이런 부분들을 선별하고 올바른 판단을 내리기 위해 여러 자료를 이용하고 있습니다.

사마천은 하늘의 도, 즉 '천도(天道)'라는 것을 믿었습니다. 단순하게 말해서 '천도'는 나쁜 사람에게는 벌을 주고, 착한 사람에게는 복을 주는 것입니다. 하지만 이런 단순한 생각은 곧 큰 벽에 부딪히게 됩니다.

역사를 살펴보면 착한 사람이 재난을 당하는 일이 흔합니다. 악당이 부귀영화를 누리는 일도 많습니다. 참 이상하죠. 천도는 대체 어디에 있는 걸까요? 더구나 사마천 역시 올바른 일을 하고도 옥에 갇히게 됩니다. 졸지에 화를 입게 된 사마천은 천도에 대해서 의문을 가집니다.

사마천의 《사기》에는 천도에 대한 의문, 역사에 대한 의문이 수 없이 들어 있습니다. 그리고 그에 대한 해답도 함께 들어 있습니다. 그 해답이 불멸의 진리를 담고 있었기에 《사기》는 오늘날까지 불후의 명작으로 남게 된 것입니다.

역사는 승자의 기록이라는 말이 있습니다. 역사를 기록하는 쪽은 경쟁에서 승리한 쪽이고, 그래서 자기들 입맛에 맞게 역사를 고쳐 놓았다는 뜻이죠. 사마천은 한무제에게 중형을 받아서 불구의 몸이 되었습니다. 그런 그가 '승자'일까요?

오히려 사마천은 패자였기 때문에 《사기》는 종종 분한 마음으로 쓴 '비방서'라는 평가를 받았습니다. 하지만 그것은 사실이 아닙니다.

사마천은 객관적으로, 그리고 비판적으로 역사를 기술해 나갔습니다. 그렇기 때문에 《사기》는 위대한 책이 될 수 있었습니다.

그냥 전해지는 이야기를 좇는 것이 아니라 의심하고 의심하면서 돌다리를 하나씩 두들기면서 전진해야 좋은 역사책을 만들 수 있습니다. 그렇게 담금질을 해서 불멸의 가치를 만들어 내는 것입니다.

이 책이 그 불멸의 가치를 찾아갈 수 있게 도와주는 여행 안내서가 되면 좋겠습니다. 《사기》라는 책이 담고 있는 내용은 워낙 넓고 깊어서 이 짧은 책 안에 담아내기가 어려웠습니다. 저는 지금 다 써넣지 못한 이야기가 아까워 어찌할 바를 모르겠습니다. 이 책을 읽고 역사에 관심이 생긴다면 꼭 한 번 《사기》를 읽어 보기 바랍니다.

이 책의 등장인물 중 감옥에 있는 장대삼, 촉새, 오군졸, 조맹우 등은 이야기의 편의를 위해 만들어 낸 가상의 인물들입니다.

소설 안에서 《사기》의 내용을 많이 인용했습니다. 일일이 각주를 달지는 않았으나 사마천이나 등장인물들이 하는 이야기 대부분은 《사기》에 나오는 말들입니다. 이 책에 인용된 《사기》의 내용은 기본적으로 까치출판사에서 나온 번역본을 이용했으나, 독자의 편의를 위해 윤문하거나, 좀 더 내용을 잘 전달하기 위해 다시 번역한 경우도 있으므로 오역이 있다면 제 책임이라는 점을 밝혀 놓습니다.

이문영

[1] 한무제(B.C 156~B.C 87)는 중국 제7대 황제로 한 왕조 통치 기간 54년 동안 중국 역사에 빛나는 황금시대를 구축했다. 파격적인 인사, 흉노 정벌, 서역으로의 영토 확장, 제후들의 반란 평정, 유교의 국교화 등 훌륭한 업적을 많이 쌓았지만, 만년에는 무리한 정복 사업과 건축 사업, 사치스러운 생활, 불로장생에의 헛된 욕망 등으로 정치를 그르쳤다는 평가를 받는다.

[2] 사마천은 유교의 창시자인 공자(B.C 551~B.C 479)의 삶을 존경했다. 공자의 고향인 곡부를 다니며 그 유품을 기록으로 남긴 것이 바로 《사기》〈공자세가〉이다.

[3] 진승(?~B.C 208)은 《사기》〈진승세가〉에 기록된 인물로 진나라 말기 농민 반란 지도자이다. 그는 "왕후장상의 씨가 어디 따로 있는가!"라고 외치며 정의로운 사회를 간절히 바랐다. 제국에 가장 먼저 반기를 든 그를 세가 편에 넣은 것은 사마천의 탁월한 식견이라고 볼 수 있다.

감옥에서 만난 협객

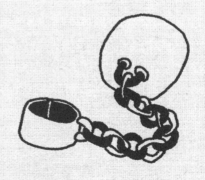

곽해는 원한이 있어도 덕으로써 보답하고 후하게 베풀면서 그 대
가를 바라지 않았다. 의협적인 행동은 더 적극적이었으며, 남의
목숨을 구해 주고도 그 공을 자랑하는 법이 없었다.

-《사기》〈유협열전〉 중에서

"들어가!"

옥리가 거칠게 한 사내의 등을 떠밀었다. 40대 후반으로 보이는
사내는 중죄인이 분명했다. 머리는 '칼'이라 부르는 나무판대기의 한
가운데에 뚫린 구멍으로 내밀고 있었고, 손 하나도 칼의 아래쪽 구
멍으로 나와서 포승에 묶였으며 두 발에는 강철 족쇄가 걸려 있었
다. 사내는 옥리가 미는 바람에 중심을 잃고 바닥에 쓰러지고 말았
다. 칼이 먼저 바닥에 부딪히는 통에 목이 부러질 것처럼 꺾이면서
사내는 비명을 질렀다.

"아직 제대로 된 심문은 시작도 안 했으니 미리 엄살 부리지 마

라."

옥리는 흔히 보아 오던 풍경인 양 아무 감흥도 없는 차가운 목소리만 남겨 놓고 떠났다. 물론 철컹 소리를 내며 옥문을 잠그는 것은 잊지 않았다.

"이봐, 이봐!"

뾰족한 턱에 염소수염을 기른 허름한 차림의 사내가 옥문을 붙들고 흔들었다.

"촉새, 왜 그러냐?"

옥리는 마지못해 그 사내를 돌아보며 촉새라 불렀다.

"여긴 이미 사람이 넷이나 있다고. 각자 귀퉁이 하나씩 차지하고 있는데, 여기다 사람을 더 넣으면 어떡해?"

옥리가 눈썹을 꿈틀거렸다.

"이게 미쳤나? 어떻게 자빠지든 드러눕든 그건 너희가 알아서 해. 한 번만 더 시답잖은 수작을 걸었다간 고 뾰족한 턱을 아작 분질러 주마."

촉새는 무안한 기색을 감추려는 듯 길지도 않은 수염을 쓰다듬었다. 그러더니 쓰러져 있는 사내를 공연히 걷어찼다.

"어디서 빌어먹던 뼈다귀가 감히 여길 찾아들어 온 게야?"

사내는 옆구리를 붙들고 신음만 할 뿐 대꾸도 하지 못했다.

"야야, 촉새, 신입한테 너무 심하게 그러지 마라."

감옥 안쪽 귀퉁이에 비스듬히 기대고 있던 텁석부리 거한이 촉새에게 손짓을 했다.

"짜증 나잖아요. 비좁은 감방에다가 사람을 하나 더 넣다니, 아주 피도 눈물도 없는 놈들이에요."

"흐흐, 그것도 그렇지. 그럼 저놈을 죽여서 내놓을까? 그럼 없는 자리를 만들 필요는 없겠지."

그 말을 들었는지 쓰러져 있던 사내가 움찔 몸을 떨었다. 촉새가 비웃었다.

"목숨은 아까운 모양일세. 그럼 빨랑 일어나 앉아. 곰 새끼 모양 자빠져 있지 말고."

사내는 끙끙 소리를 내며 몸을 일으켰다. 아니, 일으키려고 했다. 팔 하나로는 얼른 일어날 수가 없었다. 하지만 그가 끙끙 앓는 소리를 내고 있어도 아무도 도와주려 하지 않았다.

옥문 옆쪽 구석에 앉아 있던 네모 난 얼굴의 사내가 혀를 차며 말했다.

"그런데 촉새 형님, 저 사람 관리인 모양인데요?"

"관리?"

"입고 있는 옷이 관복이네요. 죄 찢어지긴 했지만."

정말 그랬다. 새로 들어온 사내의 옷은 비단으로 지은 것으로 감옥 안의 사람들이 입고 있는 꾀죄죄한 삼베옷과는 차원이 달랐다.

"어느 지방의 못돼 처먹은 관리 나리가 천벌을 받아서 여기로 오셨으려나?"

촉새는 야비한 웃음을 띠며 이제야 간신히 몸을 일으킨 사내의 얼굴을 바라보았다. 매를 맞으며 흘린 땀, 눈물, 그리고 엎어지며 생긴 생채기에 흙먼지까지 범벅이 되어 초라하기 이를 데 없는 몰골이었지만 눈빛만은 아직 죽지 않은 상태였다.

촉새는 난데없이 사내의 뺨을 올려붙였다.

"이 자식이, 어딜 꼬나봐?"

촉새는 발까지 들어 올렸는데, 네모 난 얼굴의 사내가 얼른 촉새를 붙잡았다.

"오군졸, 이거 안 놔? 이 자식이 두고 보자는 눈길로 날 쳐다봤다고! 가만 놔둘 줄 알고?"

하지만 오군졸은 촉새를 놓지 않았다. 일어난 것을 보니 오군졸은 촉새와 마찬가지로 호리호리한 몸매기는 하지만 키는 훨씬 커서 촉새보다 머리 하나가 더 있었다. 꺽다리 오군졸이 촉새를 바짝 안아 올리니 촉새는 허공에 발길질을 할 수밖에 없었다.

"당신, 빨리 사과하시오."

칼을 쓴 사내는 무슨 영문인지 모르겠다는 눈치로 눈만 껌뻑껌뻑했다. 오군졸이 한숨을 쉬었다.

"에휴, 촉새 형님, 이거 완전히 넋이 나갔수다. 형님을 쳐다본 것도 공연히 그런 모양이니 마음에 두지 마쇼."

"이런 젠장할!"

촉새가 바닥에 침을 퉤 뱉었다.

"재수 없으려니까 반송장 같은 놈이 들어왔군그래."

오군졸은 칼을 쓴 사내에게 다시 느릿한 어조로 말했다.

"우선은 통성명이나 합시다. 나는 군졸(군사)로 살다가 들어와서 오군졸이라 불리는 오가 놈이외다. 형씨는 뭐 하던 사람이오?"

칼은 쓴 사내는 짧게 한숨을 내쉬고 말했다.

"나는…… 태사령 벼슬에 있는 사마천이라고 하오."

오군졸이 머리를 긁적였다.

"태사령이 뭐요?"

촉새가 아는 척을 하고 나섰다.

"태사령이라 하면 천문, 역법, 역사를 다루는 관직이지. 그게 이름이야 그럴듯하지만 결국 점쟁이야. 저 별이 나타났으니 가뭄이 듭니다, 요 별이 나타났으니 전쟁이 납니다, 이런 말 같잖은 소리를 하고 녹봉 600석을 받아 가는 거지. 점쟁이나 무당이 관복을 입고 있는 게 바로 태사령이라는 자리야."

오군졸이 깜짝 놀랐다.

"녹봉 600석이면 현령(각 도의 으뜸 벼슬)하고 동급이잖습니까?"

오군졸은 목소리를 낮춰서 촉새에게 조용히 말을 걸었다.

“그렇게 막말하다가 저 나리가 무죄 방면이라도 되면 어쩌려고 그러십니까?”

촉새가 깔깔깔 웃었다.

“무죄 방면 같은 소리 하네. 저런 관리가 이런 감옥에 끌려왔다는 건 그냥 끝장이라는 이야기야. 사형말고는 답이 없을걸?”

사마천은 길게 한숨을 내쉬었다. 촉새의 말이 틀린 얘기는 아니었다. 지금 천하를 다스리는 황제는 무시무시한 사람이었고, 그의 뜻에 어긋나 버렸으니 목숨을 부지하기는 하늘의 별 따기인 셈이었다. 그가 천문을 관장하는 관리라 해도 하늘의 별을 딸 수는 없는 노릇이고.

“너, 너무 걱정 마십쇼, 나리.”

그때까지 문짝 오른쪽 구석에 조용히 있던 뚱보 사내가 말했다.

“하, 하늘이 무너져도 솟아날 구멍은…….”

철썩 소리가 났다. 촉새가 뚱보를 때린 것이다.

“장대삼! 너 지금 뭐라고 했어? 나리? 나리? 여기가 어딘지나 알고 하는 소리야?”

덩치가 큰 장대삼은 웬일인지 촉새에게 꼼짝도 못했다.

“잘 들어. 너 사마천이도 잘 들어.”

촉새는 점잔을 빼며 말했다.

“여기 우리 감방에서 나리는 저기 계신 조맹우 대협밖에 없다는 거. 이거 골수에 새겨 넣는 거야. 알았어?”

"아, 알았어요."

장대삼은 고개를 푹 숙이고 말했다.

"너 사마천. 밖에서는 녹봉 600석을 받는 관리였을지 몰라도 여기에서는 신참내기일 뿐이다. 네 자리는 저기 문 앞이야. 구석 자리는 모두 다 임자가 있으니 네가 있을 곳은 거기뿐이야. 뭐, 누군가 목이 댕강 달아나면 너도 자리 하나 차지할 수 있겠지. 하지만 그 전에 네 목이 먼저 달아날 것 같구먼."

"대협이라……. 큰 협객(유협이라고도 하며 호방하고 의협심 있는 사람을 일컬음)이라는 뜻이오?"

사마천은 문간 자리로 옮겨 가라는 촉새의 손짓은 아랑곳하지 않은 채 혼잣말처럼 말했다.

"그래. 조맹우 대협으로 말하자면 낙양을 떠들썩하게 만든 도적, 아니 협객이시다, 이거지."

조맹우가 짙은 눈썹을 꿈틀거렸다.

"도적? 아주 막말을 하는군. 어디 매가 좀 그리워졌냐?"

촉새는 사색이 되어 땅바닥에 넙죽 엎드렸다.

"무슨 그런 섭섭한 말씀을! 제 협객 인생을 걸고 그저 말이 잠시 헛나왔을 뿐이라는 걸 맹세합니다."

촉새의 말에 조맹우가 너털웃음을 터뜨렸다. 조맹우는 촉새의 등짝을 철퍼덕 때리며 말했다.

"화폐 위조범 주제에 네놈이 무슨 협객이냐?"

"돈을 만들어 어려운 사람을 도와준 거 아닙니까?"

"돈을 만들어 어려운 네 위장을 도와주었겠지."

"암튼 돈을 받은 사람은 이문이 남는 법이니까 그게 그거라고요."

사마천이 물었다.

"위조범이라니, 오수전을 위조했단 말이오?"[4]

"누구나 다 했지, 뭐. 나만 한 건 아니야. 오수전을 만들 때 납과 주석을 살짝 넣으면 겉보기로는 모르거든."

조맹우가 껄껄대며 말을 받았다.

"하지만 손에 들어 보면 알지, 이 사기꾼아."

"물론 들어 보면 가볍지만 한두 푼은 모른단 말이에요."

촉새는 침을 퉤 뱉으면서 말했다.

"아, 진짜 재수도 없지. 남들 사면받을 때 사면도 못 받고 여태 옥살이라니!"

오군졸이 말했다.

"그런 게 아니라 재수가 좋은 거예요. 남들 목이 잘릴 때 안 잘리고 살아남았으니."

촉새가 인상을 찡그렸다.

"재수 없는 소리 마."

사마천은 감옥 문짝으로 어기적거리며 옮겨 가서 문짝에 등을 기댄 채 눈을 감았다. 지독하게 피로한 하루였다. 어전에서 쫓겨나 형리의 손에 넘겨지고, 죽도록 매를 맞은 다음에 이처럼 어이없는 범죄자들이 득실대는 감방에 내팽개쳐졌다. 앞으로도 좋은 꼴을 보기는 틀렸다. 당대의 인재로 칭송받던 자신의 모습은 사라지고 이제는 부랑배들에게까지 멸시받는 처지가 되고 말았다. 생각할수록 자신의 처지가 한심하여 견딜 수가 없었다. 입에서 저도 모르게 앓는 소리가 새어 나갔다. 몸이 아픈 것보다 마음이 아파서 나온 소리였다.

"거참, 시끄럽네. 징징대는 소리라면 집어치우라고. 사내라면 사내답게 당당하게 운명을 받아들이는 거야. 이 몸처럼 말이지."

촉새가 빈정거렸다.

"아, 아프신 모양이니 그만하세요."

장대삼이 끼어들었다.

"이 자식이? 너 가만 찌그러져 있으라고 했지?"

촉새는 장대삼에게 주먹을 한 번 을러대더니 사마천을 발로 툭 쳤다.

"태사령 나리? 감방에 온 신입 주제에 벌써 잠이나 쳐 자시려고 하면 안 되죠. 어디 태사령 나리 노래는 얼마나 잘하는지 한번 들어 볼깝쇼?"

사마천은 못 들은 척 눈을 뜨지 않았다. 촉새는 사마천 앞에 쪼그리고 앉아 그의 뺨을 톡톡 치기 시작했다.

"어허, 고상한 나리가 되셔서 천민들 앞에서는 노래를 못하신다이거군요. 황제 폐하가 노래를 하라면 얼른 했을 거면서 말이죠. 그런데 이거 어쩌나? 노래를 못하면 매를 맞는 수밖에 없는뎁쇼."

사마천이 눈을 떴다.

"어허, 아직도 버릇을 못 버리고 눈을 부릅뜨시는구먼."

촉새가 사마천의 목에 씌워진 칼을 옆으로 휙 제쳤다. 사마천은 비명을 지르며 쓰러졌다. 촉새는 쓰러진 사마천을 거칠게 잡아 일으켰다.

"어디 이제 정신이 좀 돌아오셨나? 노래 한번 해 보실 정신이 말이야!"

사마천은 소리를 버럭 질렀다.

"협객이라더니 이게 무슨 짓이냐! 협객이 이런 짓을 한단 말이냐!"

"흥, 끝까지 잘난 척하겠다, 이건가? 한비자가 말하기를 '유교의 선비는 유교 경전에 근거하여 일을 행하여 법을 어지럽히고, 협객은 무력으로 법을 위반한다.'고 했어.[5] 그러니 나와 같은 사람이나 당신 같은 관리나 무법자인 것은 매한가지야."

촉새의 말에 사마천은 깜짝 놀랐다. 촉새를 그저 무지렁이 불량배로 봤는데, 뜻밖에도 그가 한비자의 말을 인용하여 말하는 것에 놀란 것이다. 사마천은 고개를 한 번 흔들고 입을 열었다.

"한비자는 양쪽을 다 비난했지만 그건 잘못된 것이오. 선비들이 후세에 이름을 남겨 칭송받는 경우도 있소. 공자의 제자 중에도 가난하게 살면서 학업에만 열중한 사람들이 많이 있소. 재주가 없어서 그런 것이 아니고 세상과 그들의 뜻이 맞지 않았기 때문에 그렇게 살았던 것이오. 지조를 지킨 사람들을 비난해서는 아니 되오."

촉새가 비웃으며 말했다.

"얼씨구! 그러니까 선비들은 고상하시다, 이거지? 협객 나부랭이와 비교하지 말라는 거야? 아주 잘났구먼그래! 어디 협객한테 한번 맞아 죽어 볼 테냐?"

"협객은 자신의 몸을 버리고 남의 고난에 뛰어들면서 생사를 따지지 아니하고 자신의 공을 자랑치도 않으며 오히려 공을 내세우는 것을 수치로 생각하는 사람이오. 어찌 당신 같은 죄인이 협객을 자처할 수 있겠소?"

"죄는 무슨 죄! 난 협객이라고. 죄를 지어서 들어온 게 아니야. 어려운 사람을 도와주었을 뿐이지."

"화폐를 위조한 것이 어떻게 어려운 사람을 도와준 것이 된단 말이오?"

촉새가 피식 웃었다.

"내가 왜 그걸 위조했겠나? 옆집 할머니가 오늘내일하는 처지였는데 봉양해야 할 아들은 군역을 나가서 하루는 굶고 하루는 못 먹는 나날을 보내고 있었다고. 그 꼴을 보다 못해서 내가 화폐를 좀 만들어 보았어. 이게 목이 댕강 달아날 죄냐?"

"관청에 이야기해서 구휼을 받아야지, 사사로운 인정으로 국법을 어기면 사형에 처해져도 할 말이 없는 것이오."

"쳇, 그 집 아들내미가 군역을 떠날 때 내가 대신 모셔 주겠다고 약속을 했어. 협객은 내뱉은 말에 신용을 지켜야 해. 한 번 한 말은 반드시 지키는 게 협객이지. 바로 그게 이 몸이란 말씀."

조맹우가 그 말에 웃으면서 촉새의 등짝을 철썩 때렸다.

"협객 같은 소리 한다. 네놈이 협객을 본 적이나 있냐?"

촉새는 아파 죽는소리를 하면서 툴툴거렸다.

"그럼요. 형님을 보지 않았습니까?"

"그놈, 입바른 소리 하기는."

"또 있습니다요. 제가 이래 봬도 곽대협을 만나 본 사람이란 말씀입니다."

"곽대협이라니? 곽해 대협을 말하는 건가?"

"그럼 누가 또 대협 소리를 듣겠습니까? 당연히 곽해 대협이죠."

"호, 그래? 그분의 명성은 나도 익히 들었지만 존안을 뵐 복은 없었지. 어떻게 생기신 분이던가?"

"기골이 장대하신 분이었습니다. 거의 형님만 하셨어요. 아니, 아니, 더 컸을까나? 말씀도 유창하고 술도 잘 드셨죠. 제가 찾아갔을 때 술동이를 들고 호쾌하게 마시고 있었답니다. 아, 지금도 그 꿀걱꿀걱 하는 소리가 들리는 것 같습니다."

사마천은 그 소리에 저도 모르게 웃음을 터뜨리고 말았다.

"아니, 이 사람이? 감히 내 말을 듣고 웃어?"

"참 능청스럽게 거짓말을 잘도 하는구려. 당신은 곽해를 한 번도 본 적이 없소. 아니, 곽해를 만나 본 사람과도 알지 못하는 게 분명하오."

"뭐, 뭣이라? 내가 거짓말을 한다고?"

촉새는 소매를 걷어붙였다.

"아구통을 작살내야 그 시건방진 입을 닥칠 거지? 아주 매를 버는구나, 매를 벌어."

"촉새, 까불지 말고 앉아라."

조맹우가 호령을 놓자 촉새는 입을 비죽거리며 자리에 앉았다.

"그러는 네 놈은 곽대협을 뵈었단 말이냐?"

사마천이 고개를 끄덕였다.

"본 적이 있소. 황상께서 무릉[6]을 만들고 사람들을 이주시킬 때 곽해도 움직여야 했소. 그때 우리 집안도 무릉에 들어갔기 때문에 곽해와 만날 기회가 있었소."

촉새가 화를 냈다.

"웃기지 마라! 곽대협은 일생을 협의지행으로 청빈하게 사신 분인데, 부호들만 들어가는 무릉에 어떻게 간단 말이냐?"

사마천이 다시 한 번 고개를 끄덕였다.

"물론 곽해의 재산은 이주 기준에 미치지 못했소. 하지만 무릉에 가는 기준은 재산만 있는 건 아니었소. 곽해의 명성이 워낙 높았기 때문에 이런 유명한 사람이 이주 대상이 아니면 뇌물을 받고 빼준 것으로 여길 거라며 지레 겁먹은 관리들이 곽해도 명단에 넣은 것이오."

"그런 사실을 아무도 몰랐단 말이야?"

"그건 아니오. 그 당시 위청[7] 대장군이 곽대협은 가난해서 이주 대상이 아니라고 황상에게 직접 고했소."

"그런데도 이주를 했단 말이오?"

"그렇소. 황상께서는 '하찮은 평민을 위해 자네가 직접 말할 정도라면 그건 하찮은 것이 아니네.'라고 말씀하셨소."

조맹우가 너털웃음을 터뜨렸다.

"그것참 그럴듯한 말이군. 곽대협은 그런 대접을 받을 만한 분이지, 암."

"내가 곽해를 보았을 때는 이미 나이가 든 다음이었소. 체구가 작고 말도 유창하지 않으며 술이라고는 전혀 하지 않았소."

사마천의 말에 촉새는 고개를 돌리고 딴전을 피웠다. 조맹우가 무릎을 쳤다.

"과연 그렇다. 넌 정말 곽대협을 만나 본 적이 있구나."

사마천의 눈에 의아한 빛이 떠올랐다.

"그럼 당신도 만난 적이 있단 말이오?"

촉새가 말조심하라는 의미로 주먹을 들어 보였는데, 사마천은 그쪽으로는 눈도 돌리지 않았다.

"촉새가 말한 것처럼 난 원래 낙양에서 살았는데, 원수 집안이 하나 있어서 서로 죽고 죽이느라 양쪽 집안의 씨가 마를 지경이었어. 당연히 친구들도 끼어들어서 상대방을 죽이느라 정신이 없었지. 이러다 보니 원로들이 나서서 화해를 시키려고 했지만 집안 어른들 어느 누구도 말을 듣지 않았어. 나는 그때 코흘리개 꼬맹이였지."

조맹우는 천장을 올려다보았다.

"하지만 나도 곽대협의 명성은 들어 봤다, 이거야. 그래서 나는 집을 나와 장안으로 가서 곽대협을 찾았어. 천신만고 끝에 곽대협을 만나 양 가문을 화해시켜 달라고 부탁했지. 곽대협은 껄껄 웃고는 나와 함께 낙양으로 와 주셨어."

사마천이 감탄하며 말했다.

"어린아이의 부탁을 받고 움직였다니 곽해는 정말 협객이라는 이름이 부끄럽지 않은 사람이오."

"그렇지. 더구나 곽대협은 양 가문을 비밀리에 화해시켰어. 그리고 가문의 수장들에게 이렇게 말했지. '두 가문이 서로 화해하게 되어 참 다행입니다. 그동안 많은 원로가 중재했는데, 저는 거기에 숟가락을 얹은 것뿐이니 제가 다녀간 것은 비밀로 해 주십시오. 내일 원로들을 모셔서 그분들 덕에 화해하게 되었다고 해 주시면 정말 고맙겠습니다.'라고 말이야."

모두 입을 딱 벌리고 말았다. 오군졸이 사마천을 보고 말했다.

"나리도 곽대협과 만난 적이 있다고 했으니, 곽대협의 의협심을 드러낼 만한 일 중에 아는 게 있으면 좀 말해 주세요."

사마천은 잠시 생각에 잠겼다가 이야기를 꺼냈다.

"곽해의 누이에게 아들이 있었소. 이 자는 외삼촌의 명성을 믿고 다른 사람을 업신여기기 일쑤였는데, 결국은 술자리에서 사달이 났소. 상대가 더는 마실 수 없다고 사양하는데도 계속 술을 따르며 마시라고 명령한 것이오. 상대는 결국 업신여김에 격분해서 곽대협의 조카를 칼로 쳐서 죽이고 말았소. 곽해의 누이는 곽해에게 원수를 갚아 달라며 아들의 시체를 길거리에 내버려 두었소."

오군졸이 혀를 찼다.

"그 여자의 성질도 대단했습니다요."

"곽해는 사람을 풀어 범인을 쫓았고, 범인은 궁지에 몰리자 곽해에게 나타나 모든 사실을 고했소. 곽해는 '자네가 그 아이를 죽일 만도 했군. 내 조카가 잘못했어.'라고 말하고는 범인을 풀어 주었소."

장대삼이 손뼉을 쳤다.

"과, 과연 대협이라 할 만한 분이군요! 의, 의협심이 대단합니다!"

"곽해는 원한이 있어도 덕으로 갚고, 후하게 베풀면서도 보답을 바라지 않았소. 하지만 일단 분노가 치솟으면 눈에서 불길을 뿜었는데, 그 모습은 정말 무시무시했다오."

조맹우가 사마천에게 질문을 던졌다.

"그런데 곽대협이 어쩌다가 처형당하게 된 것이지 그 일도 알고 있나?"

사마천은 길게 한숨을 내쉬었다. 맞은 곳이 쓰라리고 욱신대서 정신을 가누기가 쉽지 않았던 탓이다.

"미안하오. 내가 좀 쉬어야 할 것 같소."

조맹우가 코웃음을 치며 말했다.

"약해 빠진 서생이라 어쩔 수 없구면."

장대삼이 조심스럽게 말했다.

"조, 조대협, 이분이 그래도 조정의 관리인데 너무 막 대하는 것 아닙니까?"

조맹우의 눈에서 살기가 번득였다. 눈치를 챈 촉새가 먼저 말을 꺼냈다.

"감방 안에서는 벼슬 같은 거 없다니까!"

장대삼이 찔끔해서 큰 몸을 웅크렸다. 촉새는 사마천에게 다시 한 번 을러댔다.

"벼슬 들먹이면서 유세를 떨면 제 명에 못 죽을 줄 알아. 아 참, 원래 제 명에 죽을 운명은 아니었지?"

"촉새, 너도 그만해."

조맹우는 촉새를 조용히 시키고 말했다.

"사마천이라고 했던가? 곽대협과 인연이 있다니 오늘은 그냥 넘어가겠다. 앞으로는 건방 떨지 마라."

조맹우는 감방 안을 휘 돌아보며 명령하듯이 말했다.

"이제 그만들 떠들고 자라. 잠이라도 자야 시간이 가니까."

조맹우의 말에 감옥 안은 조용해졌다. 사마천도 눈을 감았지만 잠은 쉬 찾아오지 않았다. 칼을 쓴 자리가 쓰라리고 아팠고, 고통보다 더 큰 분노가 마음속에 자리 잡고 있었기 때문이다. 억울하고 분했다. 뭔가 다른 생각을 해야만 했다. 사마천은 곽해를 떠올렸다.

곽해가 무릉으로 이주하게 된 것은 사실 곽해를 미워하던 자의 참소에 의한 것이었다. 곽해의 조카는 그게 누구의 짓인지를 알아내 그 사람을 죽여 버렸다. 그리고 그 사람의 아버지도 살해되었고, 이 두 건의 살인을 조정에 고한 사람도 살해되고 말았다. 곽해가 저지른 일은 아니었지만 곽해 때문에 일어난 일이라고 해서 곽해에 대한 체포령이 떨어졌다.

곽해는 달아났다. 적소공이라는 협객의 집으로 피신했는데, 적소

감옥에서 만난
협객

1

공과 곽해는 그전에는 한 번도 만난 적이 없는 사이였다. 하지만 적소공은 곽해가 안전하게 도주할 수 있게 도운 다음 자신은 자살해 버리고 말았다. 관원들은 적소공의 집까지 곽해를 추적하는 데 성공했지만 적소공이 죽어 버렸기 때문에 더는 추적할 수 없었다.

그 후 일반 사면령이 내려졌고 곽해는 안전하게 되었다. 그런데 뜻밖의 일이 일어났다.

곽해를 욕하던 선비가 있었는데, 곽해의 손님이 그 말에 격분해서 그 선비를 죽여 버린 것이었다. 곽해가 직접 행한 일도 아니고 곽해가 시킨 일도 아니었으므로 곽해에게 책임을 물을 수 없는 일이었다. 하지만 이때 어사대부(관아의 최고 관직) 공손홍[8]이 곽해의 죄를 따졌다.

"곽해는 일개 서민 주제에 협객을 자처하면서 권력을 행사하고 사소한 원한을 가지고 사람을 죽이곤 했습니다. 이번 일을 곽해는 모른다고 하지만 곽해를 위해서 살인을 하는 사람이 있다는 것은 직접 살인하는 것보다도 더 나쁜 일입니다. 대역무도한 죄인으로 다스려야 합니다."

전제 군주 국가에서 충성이 군주가 아닌 사람에게 바쳐지고 있다는 것은 용납할 수 없는 일이었다. 이 일로 곽해뿐만 아니라 일가족이 모두 사형에 처해지고 말았다. 억울한 일이었다.

곽해가 얼마나 억울했을지 생각하자 사마천의 눈에서 절로 눈물이 났다. 자신의 처지도 다를 것이 없었다. 이제 거미줄에 걸린 파리 신세가 된 몸이었다. 감옥에 갇히고 보니 벼슬에 있었던 것은 하나도 도움이 되지 않았다. 젊은 시절에 만났던 협객 덕분에 간신히 사람들 앞에서 노래를 파는 광대 짓에서 벗어날 수 있었을 뿐이다. 자신이 곽해의 덕을 보리라고는 생각도 못했었다. 하지만 그런 행운도 한 번뿐일 것이다. 지금 사마천은 언제 목이 달아나도 이상할 것이 없는 처지니까.

대체 하늘은 어찌하여 아무 잘못도 없는 자신에게 이런 시련을 내린 것인지, 사마천은 이해할 수가 없었다.

감옥에 갇힌 덕분에 사마천은 하늘의 도리라는 게 과연 있기나 한 것인지 처음으로 의심하게 되었다.

[4] 오수전은 한나라에서 만든 동전으로 오수의 '수'는 무게를 나타내는 단위다. 한무제 때 다섯(五) 수가 안 되는 가벼운 무게의 오수전을 수십만 명이 위조·발행해 큰 사회적 문제가 되었다. 이 이야기는 사마천의 경제관이 집약되어 있는 《사기》〈평준서〉에 나온다.

[5] 《사기》〈유협열전〉 나오는 내용으로 한비자(?B.C 280~B.C 233)는 춘추전국시대 말기의 사상가이며 법에 의한 지배를 주장하는 법가를 대표하는 인물이다. 한비자와는 달리 숨겨진 영웅의 이야기에 주목했던 사마천은 유협의 존재를 긍정했다.

[6] 한무제 능이 있는 곳의 지명이다. 한무제는 일종의 신도시 건설 사업으로 집권 초기부터 자신의 능을 만들면서 기원전 127년에 부호들을 그곳으로 강제 이주시켰다.

[7] 《사기》〈위장군표기열전〉에는 한무제 때 흉노 정벌에 공을 세운 명장 위청과 곽거병, 공손하를 비롯한 16명의 장군 이야기가 담겨 있다. 그래서 이 열전은 한무제가 흉노를 정벌한 공적 명부와도 같다.

[8] 《사기》〈유림열전〉은 사마천의 교육사가 담긴 편으로 공자가 제창한 유학의 전체를 매듭짓는 의미가 강하다. 이 열전에는 한무제 때 옥리 출신으로 어사대부와 승상을 지낸 공손홍(B.C 200~B.C 121)을 비롯한 유림 인물 53명을 기술하고 있다.

2

밥그릇을
못 챙기는 건 바보

오로지 사람들이 꺼리는 싫어하는 일만 범하면서도 종신토록 안일향락하고 부귀함이 여러 대에 그치지 않은 사람이 있는가 하면, 혹은 갈 만한 곳을 골라서 가고 말할 만한 때를 기다려 말하며 길을 갈 때는 작은 길로 가지 않으며 공명정대한 일이 아니면 분발해서 하지 않는데도 재화를 당하는 사람이 헤아릴 수 없을 만큼 많은 것은 어찌 된 것인가? 나는 이에 대해 의혹을 느낀다. 만약에 이런 것이 천도라면 그 천도는 과연 맞는 것인가? 틀린 것인가?

– 《사기》 〈백이열전〉 중에서

"이 밥벌레들아! 밥이 왔다."

옥리는 때가 꼬질꼬질 긴 커다란 통을 들고 와 사람들 앞에 식판을 놓고 주먹밥 하나와 국 한 그릇을 따라 주었다. 옥리는 사마천 앞에 밥을 내려놓고 사마천의 손을 풀어 주었다.

"아직 집에 통지가 가지 않은 모양이군. 나리들은 이런 밥은 입도 대지 못할 텐데 말이야."

맞는 말이었다. 사마천은 어제부터 먹은 것이 없어 배에서 꼬르륵 소리가 나는데도 그것을 먹을 생각이 들지 않았다.

국이라는 것은 이미 식은 상태였는데도 굳은 기름 하나 보이지 않는 멀건 상태였다. 소금도 쓰지 않았는지 맹물과 그리 다를 것이 없었다. 차라리 맹물이 더 나을 것 같았다. 그나마 국은 마실 수나 있는 상태였지만 주먹밥은 밥이라 부르기도 어려운 물건이었다. 먹을 수도 없는 가라지와 겨가 뒤엉키고 보리와 조는 썩은 것이 아닐까 싶을 정도로 냄새가 났다.

"먹기 싫어도 먹어야 할 거야. 오늘도 쉽지 않은 하루가 될 테니까."

옥리가 들고 있는 몽둥이를 빙글빙글 돌리면서 감옥을 빠져나갔다. 곧 다시 옥문도 굳게 잠겼다. 사마천은 주먹밥을 들고 겨와 가라지를 털어내고 먹을 만한 부위만 골라 입속에 털어 넣고는 국과 함께 꿀꺽 삼켰다. 바로 욕지기가 올라왔지만 천장을 바라보며 간신히 토악질을 참아냈다.

"형님, 벌써 식사를 마친 겁니까?"

촉새가 조맹우에게 아양을 떨고 있었다. 그러고 보니 조맹우에게 간 밥은 사마천이나 다른 죄수들이 받은 것과는 달랐다.

"조, 조대협은 밖에서 넣어 주는 사식을 먹고 있어요. 뒤, 뒤를 봐주는 사람들이 있다고 해요."

장대삼이 사마천에게 속삭였다.

"그, 그리고 촉새는 조대협의 대궁밥을 얻어먹고 있어요."

간에 기별도 가지 않고 뱃속만 울렁대게 하는 다른 사람들의 밥과는 달리 조맹우의 밥은 보기만 해도 군침이 넘어가는 훌륭한 것이었다.

사마천은 절로 탄식의 한숨을 내뱉고 말았다. 조맹우의 미간이 꿈틀거렸다.

"저놈이 또 아침부터 재수 없게 한숨을 쉬는군! 뭐가 불만이야?"

"조대협의 밥을 보니 문득 과거의 현자 백이와 숙제[9]가 생각나서 나도 모르게 한숨을 내쉬게 되었소."

조맹우가 인상을 쓰자 사마천의 입에서 절로 '대협'이라는 말이 튀어나왔다. 사마천은 이렇게 감옥 생활에 적응하는구나 싶어 쓴웃음이 지어졌다. 조맹우가 사마천을 노려보다가 물었다.

"백이와 숙제? 그게 누군데?"

사마천은 백이와 숙제에 대한 이야기를 시작했다.

"백이와 숙제는 요서 지방에 있던 고대 국가 고죽국의 왕자들이었소."

"그러니까 날 보고 왕자가 떠올랐다, 이건가?"

"그런 건 아니오. 고죽국 왕은 두 사람 중 동생이었던 숙제에게 왕위를 물려준다고 유언을 남겼소. 하지만 숙제는 형인 백이가 왕이 되는 것이 올바른 도리라고 왕위를 형에게 넘겨주었소. 그런데 백이는 아바마마의 명을 따라야 한다고 말하고는 달아나 버렸소. 동생인 숙제도 형을 두고 자신이 왕이 되는 것은 있을 수 없는 일이라고 말하고는 형을 따라 달아나 버렸소. 결국 다른 동생이 왕이 되고 말았소."

"그거 바보들 아니야? 왕이 되는 걸 마다하고 달아나다니? 완전 또라이들이구먼."

조맹우가 껄껄껄 웃었다. 그러다가 인상을 굳혔다.

"그런 또라이들하고 나와 뭔 상관이야!"

"고죽국을 떠난 백이와 숙제는 주나라[10] 문왕[11]이 노인들을 잘 봉양한다는 소문을 듣고 찾아갔소. 하지만 도착해 보니 문왕은 이미 죽었고, 문왕의 아들이 왕위에 올라 있었는데 그가 바로 상나라를 멸망시킨 무왕이오. 무왕은 신하의 몸으로 자신의 군주를 토벌한 것이라 백이와 숙제는 무왕의 정벌을 말리려고 했소."

오군졸이 물었다.

"군대가 출정하는 걸 막으려 했단 말인가요?"

"그렇소."

"안 죽은 게 다행이군요. 아니, 죽었나요?"

"죽지 않았소. 병사들이 죽이려 했지만 이들이 의인이라는 것을 감안해서 목숨을 살려 주었소."

조맹우가 다시 눈썹을 치켜뜨고 말했다.

"그러니까 세상일도 모르는 칠푼이들하고 나랑 왜 엮은 거냐고!"

"백이와 숙제는 불의한 세상에서 더는 살 수 없다며 산속으로 들어갔소."

"산속에는 왜?"

"주나라에서 나는 곡식으로 만든 밥을 먹을 수 없었기 때문이오. 그들은 산속에서 고사리를 캐어 먹다가 굶주려 죽고 말았소. 그저 나는 조대협의 푸짐한 밥을 보고, 주린 내 배를 생각하면서 백이와 숙제는 얼마나 배가 고팠을까 생각했을 뿐이오."

"아무리 생각해도 결국 바보들이잖아! 왕위도 마다하고 세상에 나와서 기껏 굶어 죽었단 말이냐?"

조맹우가 큰소리로 비웃었다.

"그렇긴 하지만 이들이 바보는 아니라오. 성인군자였을 뿐이오."

"제 밥그릇을 못 챙기는 건 바보뿐이야."

"공자의 제자 중 안회는 가장 똑똑했지만 죽 한 그릇도 제대로 먹을 수 없을 만큼 가난해서 일찍 죽고 말았소. 사람이 바보인 것과 굶어 죽는 것 사이에는 아무 연관도 없소이다."

"그놈 참 말 하나는 잘하네. 잘 들어라. 내가 너한테 하나 가르쳐 주마. 도둑 중에 도척이라는 인물이 있다. 도척은 날마다 죄 없는 사람을 죽이고 사람의 살을 회 쳐서 먹어 치우며 포악한 짓이란 짓은 다 저질렀다. 부하 수천 명을 거느리고 천하를 횡행했는데 마침내는 천수를 다 누리고 편안히 죽었다. 도리를 지킨답시고 굶어 죽는 게 현명한 짓이냐, 할 거 다하며 호화롭게 사는 것이 현명한 짓이냐? 어디 말 좀 해 봐라."

촉새도 끼어들었다.

"똑똑한 사람이 조정에 들어가 일 처리를 하고 나랏일을 의논하는 것, 신의를 따르고 절개를 지켜 목숨을 바치는 것, 선비가 바위 동굴에 은거하면서 명성을 날리는 것 모두 부귀영화를 누리려고 하는 거야.[12] 돈벌이가 안 되는 일에 그렇게 신명을 바쳐 노력할 것 같으냐고."

조맹우가 손뼉을 쳤다.

"촉새가 오랜만에 똑 부러지는 소리를 하는구나. 그렇고말고. 사람이란 부귀영화를 위해서 움직이게 되어 있는 거야. 어이, 거기 오군졸, 너는 전쟁터를 전전했다고 했지?"

조맹우는 머리에 붕대를 감고 있는 한 사내를 가리키며 말했다.

"그렇습니다. 흉노와 십수 년간 싸움을 했죠."

사내가 걸걸한 목소리로 대답했다.

"그래, 이야기해 봐라. 널 움직이게 하는 게 뭐냐? 명예냐, 용기냐, 재물이냐?"

사내가 코웃음을 쳤다.

"말할 게 뭐가 있습니까? 당연히 재물이죠. 병사가 성벽에 제일 먼저 오르려는 것도 재물 때문이고, 적군 장수의 목을 베려는 것도 재물 때문이고, 적군 깃발을 탈취하려는 것도 재물 때문입니다. 재물이 생기지 않는다면 돌과 화살이 쏟아지는 전장을 왜 박박 기어 다니겠습니까?"

촉새가 낄낄대며 말했다.

"재산이 없는 놈은 땀 뻘뻘 흘리며 일해야 하는 거고, 조금이라도 있으면 머리를 굴려서 더 불리는 거고, 이미 재산이 많으면 시기를 노려서 더 큰 이익을 보려고 든다 이거야. 이것이 바로 삶의 진리!"

조맹우가 사마천에게 말했다.

"백이와 숙제는 자기 주제도 모르고 까불다가 죽었으니 인간의 본성을 알지 못한 무지렁이들이라고 할 수 있지. 보통 사람들은 자기보다 열 배의 재산을 가진 부자를 보면 헐뜯지만 백 배의 재산가를 만나면 무서워하고, 천 배의 재산가를 만나면 그 사람의 일을 대신해 주고, 만 배의 재산가를 만나면 하인이 되어 버린다고. 이것이 바로 사물의 이치인 거야."

"그렇지 않소."

사마천의 말에 감방 안의 사람들이 일제히 그를 쳐다보았다. 지금까지 누구도 조맹우의 말에 이렇게 분명하게 이의를 달지 못했었다.

"세상을 등지고 깊은 산속에 사는 것도 아니면서 벼슬길에 나서지 않으려는 것, 그리고 오랫동안 빈천한 지위에 있는 주제에 입으로만 인의를 읊는 것 또한 부끄러운 일일 것이오. 하지만……."

"거기에 무슨 붙일 말이 있나?"

조맹우가 심기가 불편하다는 듯이 눈썹을 꿈틀댔다.

"세상에는 절개를 지키고 밝은 지혜로 이치를 꿰뚫었으나 불행한 최후를 맞은 사람들도 많이 있소. 부귀영화를 누리지 못했다고 하여 그 사람들이 잘못한 것은 아니요. 입만 살아 있는 거짓된 자들과는 다르다는 이야기요."

"그런 사람이 어디 있어?"

"무수히 많다 할 수 있지만 우선 공자를 들 수 있겠소."

"공자? 공자가 무슨 중뿔난 사람이더냐?"

"그렇소. 공자는 대부분의 일생을 벼슬이 없는 선비인 포의 신분으로 지냈으나 지금까지도 추앙받고 있소. 천자, 왕후로부터 나라 안의 육예[13]를 이야기하는 모든 사람이 다 공자의 말씀을 판단 기준으로 삼고 있소. 공자는 참으로 최고의 성인이라 할 수 있소. 공자가 쓴 글을 읽어 보면 그분이 얼마나 위대한 사람인지 알 수 있소."

사마천의 얼굴이 순수한 존경의 빛으로 빛나고 있었다. 한순간 그는 모진 고초를 받고 옥 안에 갇혀 있다는 사실도 잊고 있는 듯 했다.

"나는 노나라에 갔을 때 공자의 사당에 들러 공자의 유품들을 직접 보았소. 또 많은 유생이 그곳에서 공자의 가르침을 공부하는 것도 보았소. 천하에는 숱한 군왕과 현인들이 있었소. 물론 이들이 살아 있을 때는 영화로운 삶을 누렸소. 하지만 일단 죽고 나면 부귀영화도 모두 끝나고 마는 것이오. 하지만 공자의 명성은 끝나지 않고 있소."

장대삼이 물었다.

"고, 공자가 그렇게 대단한 사람인가요?"

사마천이 고개를 끄덕였다.

"내 아버님이 하셨던 이야기가 있소. 무슨 말인가 하면……."

사마천이 아버지의 이야기를 하려는 순간 옥문이 열렸다.

"사마천, 이리 나와라."

사마천은 저도 모르게 부르르 몸을 떨었다. 심문의 시간이 온 것이다.

"죽지 말고 돌아오라고. 하던 이야기 끝내야 하니까."

조맹우가 놀리듯이 말했지만 사마천의 귀에는 들리지 않았다.

몸이 후들거려서 일어나기도 쉽지 않았지만, 다행히 장대삼이 부축을 해 줘서 간신히 옥문을 나설 수 있었다.

사마천은 형장으로 끌려나가 형틀에 묶였다. 옥리가 사마천을 내려다보며 말했다.

"밤새 네 잘못이 뭔지 생각해 보았느냐?"

"난 잘못한 게 없습니다."

옥리가 코웃음을 쳤다.

"황제 폐하를 노엽게 만들고도 잘못한 것이 없다? 대역무도함이 아주 뼛속까지 스며들었구나. 다시 한 번 묻겠다. 네 잘못을 이실직고⋯⋯."

옥리는 말을 마치지 않고 자리에서 벌떡 일어났다. 사마천은 고개를 돌릴 수 없어서 누가 왔기에 서슬 푸른 옥리가 바짝 긴장했는지 알 수 없었다.

"죄인을 다룰 줄 모르는구나."

낮고 깊은 목소리였다. 사마천의 등골에 식은땀이 솟았다. 잔혹하기로 악명 높은 어사대부 두주[14]가 이곳에 행차한 것이다. 그는 겉으로는 관대한 척하지만 냉혹함이 골수에 스며 있는 피도 눈물도 없는 인물이었다.

"태사령, 이런 곳에서 만나서 유감이오."

두주가 자리에 앉으며 말했다.

"어사대부 나리를 뵙습니다. 꼴이 이러하여 인사를 올리지 못함을 용서하십시오."

두주는 혀를 차며 말했다.

"칼을 풀어라. 조정의 신하가 흉한 모습으로 있어 안쓰럽구나."

사마천의 목에서 칼이 풀려나갔다. 사마천은 비틀거리며 일어나 두주에게 인사를 올렸다. 두주의 눈에서 흉광이 번득였다.

"인사는 됐소. 내 들어오면서 보니 그대는 그대의 죄가 무엇인지 모르는 모양이더구려. 조정의 녹을 먹은 지 20년이 다 되어 가는데 아직도 그리 눈치가 없는 것이오?"

"소인은 진실로 소인의 죄가 무엇인지 모르겠습니다."

"허허, 그대는 황제 폐하의 심기를 건드렸소. 조정의 신하로 그보다 큰 죄가 있을 것 같소?"

"이릉을 변호한 것은 오직 그것이 진실이라 말씀드렸을 뿐입니다. 어찌 일부러 폐하를 노엽게 하려고 입을 놀렸겠습니까?"

두주가 혀를 찼다.

"고집불통이구면. 채찍을 가져오너라. 불복하는 죄인은 일단 매질을 해야 하는 법."

사마천은 파랗게 질리고 말았다. 어제 맞은 자리가 아직 아물지도 않았다.

"다짜고짜 매질이라니, 이런 법이 어디 있습니까? 어사대부는 천자의 공평한 판결을 결정하는 자리에 있으면서 삼척법[15]을 따르지 않고 오로지 황제의 의향에 따라 판결하니, 사법관이 본래 이런 것입니까?"

두주가 낮게 웃음을 흘렸다.

"그대는 역사를 잘 알고 있지 않소? 삼척법이란 게 어디서 나온 것이오? 옛날 군주가 옳다고 여겨서 만든 것이 바로 법이오. 또한 후대의 군주가 옳다고 여겨 기록하면 그것이 또 법이 되는 것이오. 지금 상황에 맞는 것이 법이지, 옛날의 것만 법이 아니란 말이오. 알겠소?"

두주의 궤변에 사마천은 고개를 흔들 수밖에 없었다.

"이릉을 보시오. 당신은 이릉을 변호했기 때문에 지금 이곳에 갇혔소. 이릉은 어떤 사람이오? 당신은 이릉과 친한 사이였소?"

"소인은 이릉과 함께 시중으로 발탁되었지만 원래 서로 친하지는 않았습니다. 이릉은 무관이고 저는 문신이라 취향이 달라서 함께 술을 마신 적도 없습니다."

"이릉과 친하지 않았단 말이오? 그런데 왜 폐하 앞에서 이릉을 변호한 것이오?"

"이릉과 친하지는 않았지만 그사람의 됨됨이는 잘 알고 있었습니다. 이릉은 효자이고 친구들에게 성실했으며 재물을 탐하지 않고 상하를 분별할 줄 알아 겸손하였습니다. 언제나 나라를 위해 목숨을 바칠 각오가 되어 있는 용맹한 사람이었습니다."

두주가 언짢은 목소리로 말했다.

"그래 봐야 전쟁에서 지고 흉노에게 투항한 역적일 뿐이잖소."

"이릉은 본래 이광리 장군의 후방을 맡아서 지키도록 하여 보병만 거느리고 있었습니다. 폐하께서는 기병을 보내 줄 수 없다 하셨고 빨리 출병하라고 재촉하셨습니다. 이릉은 적진 깊숙이 진격하여 3만 명의 적 기병 부대와 충돌했습니다. 이릉은 이들을 무찔렀고 이에 놀란 흉노는 8만 대군을 이끌고 와 이릉과 다시 싸웠습니다. 하지만 이릉은 이들 또한 무찔렀습니다. 이릉의 부대는 화살도 다 떨어졌는데 구원병은 나타나지 않았습니다. 내부에 배반자가 있어 흉노는 이릉에게 화살이 없다는 사실을 알았고 이릉은 궁지에 몰렸습니다. 그곳은 국경에서 불과 100여 리밖에 되지 않는 곳이었습니다. 우리 부대가 구원을 나갔다면 이릉이 흉노에게 잡히는 일은 없었을 것입니다."

두주의 안색이 변했다. 사마천은 고개를 숙이고 있어 두주의 안색을 볼 수 없었다.

"어허, 이것 봐라. 그 말은 이광리가 이릉을 구해 주지 않았다고 비난하는 것 아닌가? 이광리가 이번 전쟁에서 흉노에게 패하고도 처벌을 받지 않았다고 원망하는 거지?"

사마천은 깜짝 놀랐다.

"그, 그런 생각은 한 적이 없습니다."

한무제는 이광리의 여동생을 총애하고 있었기 때문에 이광리에 대해서 비난하면 크게 화를 냈었다.

"이릉은 흉노와 싸워서 이기고 결국은 중과부적으로 패했는데, 이광리는 대군을 이끌고 출정하고도 패하고 말았다고 비교하는 거잖소. 대체 머리가 어떻게 된 거 아닌가? 이릉을 좋게 이야기하다가 이릉의 패전을 추궁받은 진보락이 어떻게 되었는지 모른단 말이오?"

진보락은 이릉이 군을 잘 통솔하여 군인들의 사기가 충만하다는 보고를 올려 낭중(황제를 호위하는 말단 관리)에 임명되었던 사람이다. 이릉이 항복한 뒤에 한무제로부터 문책을 받자 진보락은 어쩔 줄 몰라 하다가 기둥에 머리를 받고 스스로 목숨을 끊었다.

"진보락이 현명했던 거지. 너처럼 철모르고 버텼다가는 아주 혹독한 꼴을 당했을 거다. 감히 폐하를 진노케 한 이릉을 변호해?"

사마천은 끝까지 자기주장을 굽히지 않았다.

"이릉이 충성을 다했지만 폐하가 인정하지 않으면 역적이 되는 것이 타당하다는 말입니까? 폐하가 어사대부가 불충하다고 말한다면 불충한 것이 되는 것입니까?"

두주는 낮은 신음을 흘렸다. 사마천은 아랑곳하지 않고 계속 말을 이었다.

"이릉은 평소 부하들과 어려움을 함께하고 작은 것이라도 나눠 썼습니다. 부하들은 이릉을 존경했고 따라서 죽음도 불사했으니, 옛날의 명장들도 이렇게까지는 하지 못했습니다. 이릉이 비록 패하여 흉노에게 항복했지만 이는 때를 보아 나라에 보답하려고 한 부득이한 행동일 겁니다. 이릉이 패하기 전까지 흉노와 싸운 혁혁한 전공은 천하에 잘 드러나 있습니다."

두주가 고개를 절레절레 흔들었다.

"역시 말로는 안 되겠군."

깜짝 놀란 사마천이 고개를 들었지만 이미 때는 늦었다. 옥리 둘이 사마천에게 다가왔고, 더 이상 문답 없이 채찍질이 시작되었다.

"어전에서 아뢰던 이야기를 고대로 되풀이하다니, 제정신이 아니구먼. 네 죄가 뭔지 뼈에 새겨 주도록 하마."

하지만 사마천의 뼈에 아로새겨지고 있는 것은 자신의 잘못에 대한 반성이 아니라 부당한 처벌에 대한 울분이었다.

실컷 사마천을 두들겨 팬 뒤 두주는 사마천을 다시 옥으로 돌려보냈다.

[9] 백이와 숙제 이야기는 《사기》의 열전 70편 중 첫 번째인 〈백이열전〉에 수록돼 있다. 사마천은 백이와 숙제, 안연, 그리고 도척의 이야기를 통해 천도에 대한 질문을 던지며 현실에서 나타난 불합리함과 부조리를 역사로 기록함으로써 현실보다 더 깊은 차원의 천도가 역설적으로 구현될 수 있다고 믿었다.

[10] 상나라 다음의 중국 왕조 하나라, 상나라, 주나라를 묶어서 삼대라고 부른다. 봉건제도를 시행했으며 유교에서 이상적인 국가로 여긴다. 후일 이민족의 침입으로 도읍을 동쪽으로 옮긴 뒤부터 춘추전국시대라고 부른다.

[11] 주나라를 다스리던 문왕은 어진 정치로 명망을 얻었으나, 이 때문에 당시 상나라를 다스리던 폭군 주왕에게 많은 탄압을 당하기도 했다. 유교에서는 전설적인 성군이자 이상적인 통치자로 추앙받는다.

[12] 《사기》 열전 마지막 편인 〈화식열전〉에 나오는 말이다. '화식'은 재물을 늘린다는 뜻으로 이 편은 경제와 부자들에 관한 이야기다. 춘추시대 말부터 한나라 초까지 상공업으로 재산을 모은 사람들의 이야기는 이익을 추구하는 인간의 본성을 천시하던 유교 사상가들에게 큰 충격을 주었다. 이후에 나오는 대화는 〈화식열전〉의 내용을 풀어 본 것이다.

[13] 고대 중국의 여섯 가지 교육인 예의, 음악, 활쏘기, 말타기, 서예, 수학을 가리켜 육예라고 한다.

[14] 부정축재 등 못된 짓을 저지른 포악한 관리 12명의 행적을 기술한 《사기》 〈혹리열전〉에 한무제 때 감옥의 일을 맡아보던 두주(?~B.C 94)의 이야기도 실려 있다. '혹리'는 혹독하고 무자비한 관리를 뜻한다.

[15] 삼척법은 고대 중국에서 법률을 이르던 말로 당시엔 종이가 없어 대나무 조각에 법률을 적었는데, 그 길이가 3척(90센티미터)이었던 데서 유래한다.

받고픗을
못 챙기는 건 바보

2

재미있는 이야기는
사람을 끌어들인다

나는 장사에 와서, 굴원이 빠져 죽었던 깊은 물을 바라보며 눈물을 떨구지 않을 수 없었고, 그의 인간됨을 생각하며 상념에 잠겼다.

-《사기》〈굴원가생열전〉 중에서

사마천은 밤새 앓았다. 채찍을 맞은 등은 갈라져 조금만 움직여도 통증이 폐부를 찔렀고, 몸에서 열도 나기 시작했다. 이러다가 죽는 거라는 생각이 들었다. 하지만 아무도 사마천을 보살펴 주지 않았다. 어서 죽어서 한 사람이 나가면 비좁은 감방이 그나마 넓어질 거라 생각하는 건 아닐까 싶었다. 사마천은 죽을힘을 다해 몸을 일으키고 차갑게 식은 국을 입안에 흘려 넣었다. 그러고는 다시 기절해 버렸다. 하지만 그 상태가 오래가지는 않았다. 너무나 분하고 억울해서 그는 꿈속에서 비명을 지르고 말았다.

"잘못된 것을 잘못됐다고 말하는 게 잘못인가!"

"저거, 저거 또 시작이네."

사마천의 비명에 촉새가 빈정댔다.

"이것 봐, 태사령 나리."

조맹우가 말했다.

"세상천지에 억울한 사람들이 한둘인가? 세상에 바른 소리 하다가 골로 간 인물이 한둘이냐고! 생각 좀 해 봐. 너만 억울한 것 같아? 여기 있는 사람들 다 억울해! 그러니까 받아들여. 운명을 받아들이라고. 세상은 하염없이 흐르는 강물 같은 거야. 그냥 흘러가는 거지. 거기에 무슨 이유가 있을 것 같으냐고."

조맹우의 말에 사마천은 오래전에 가 보았던 강가의 추억이 떠올랐다. 사마천은 젊은 시절 전국을 여행했는데, 굴원[16]이 빠져 죽은 멱라강에도 들른 적이 있었다. 사마천은 힘없이 말했다.

"그대 말이 맞소. 굴원과 같은 위대한 시인도 모함을 받아 자기 뜻을 펼치지 못하고 자살하였소. 나는 굴원이 죽은 멱라강에서 하염없이 울었던 적도 있소. 오늘날 내가 그런 처지에 놓일 줄이야 그때는 상상도 못했지만."

사마천의 머리에는 억울한 사람들이 하나둘 떠올랐다.

"굴원은 혼탁한 세상에서 홀로 깨어 있던 사람이었소. 진흙구덩이에 빠져 더럽혀질지라도, 매미가 허물을 벗듯이 세속의 외부로 헤쳐 나와서 세속의 쌓인 때를 덮어쓰지 않았으니, 그는 결백하게 진흙 속에 있으면서도 물들지 않은 사람이었소. 이러한 지조로 미루어 보건대, 굴원은 그야말로 해와 달과 더불어 빛을 다투던 사람이라 할 수 있겠소."

"어휴, 대단한 찬사로구먼. 거의 공자만큼 존경하는 것 같은데?"

말을 하니 기운이 조금 돌아오는 것 같았다. 사마천의 말소리에 도 조금 힘이 붙었다.

"공자라, 하긴 생각해 보면 공자 역시 뜻을 펼치지 못하고 쓸쓸히 생을 마감했소. 우리 한나라를 건국하는 데 일등 공신이었던 한신[17]은 군왕의 신분으로 올라섰지만 결국 체포되어 목숨을 잃었소. 이런 사람들이 어디 한둘이겠소. 과연 그대 말처럼 내 신세 역시 다를 것이 없소."

오군졸이 말했다.

"한신이라, 정말 엄청난 장군이죠. 아마 어려서부터 영웅적 기질이 남달랐을 것 같아요."

"꼭 그렇게 볼 수는 없소. 나는 한신의 고향에 들러서 여러 일화를 들은 적이 있소."

사마천의 말에 사람들의 귀가 쫑긋 섰다. 조맹우가 말했다.

"이 사람, 아는 이야기는 참 많은 모양이네. 한신에 관한 이야기 중 재밌는 게 있으면 한번 풀어놓아 보지."

사마천은 등에 채찍을 맞아 엎드려 있었는데, 이야기를 하려고 몸을 일으켰다.

"한신은 고향에서는 밥을 빌어먹고 다니는 처지였소."

사마천의 첫마디에 사람들이 깜짝 놀랐다.

"말도 안 되는 소리."

"대, 대장군이 밥을 빌어먹었다고?"

"우리랑 다를 게 없는 인간이었단 말이야?"

조맹우가 소리를 질렀다.

"조용! 이야기 좀 듣자!"

사마천이 말을 이었다.

"한신은 가난했고 품행도 단정하지 않았소. 추천이 없어서 관리가 될 수도 없었고 장사할 밑천도 없었소. 늘 구걸을 하고 다니니 사람들도 모두 한신을 싫어했소. 한번은 이런 일도 있었소. 늘 밥을 얻어먹던 관리 집이 있었는데 관리의 아내는 당연히 밥벌레인 한신을 미워했소. 하루는 식사 시간이 되어 한신이 식탁에 갔지만 한신 자리에만 밥이 없었소."

사람들은 또 흥분했다. 다들 그런 경험이 한두 번씩은 있는 처지였기 때문이다.

"저런 개 같은!"

"어, 어디 밥 가지고 장난을!"

"면전에 대고 오지 말라고 하든지!"

조맹우가 눈을 부라리자 옥 안은 다시 조용해졌다.

"아무튼 먹고살아야 하니 한신은 낚시질을 하며 소일하게 되었소. 그러던 어느 날 빨래하던 한 아낙네가 그런 한신을 보고 불쌍히여겨 몇 달간 밥을 가져다주었는데, 한신은 매우 감격하여 그 아낙네에게 후일 꼭 보답하겠다고 말했소. 하지만 아낙네는 그런 한신을 꾸짖었소. '내가 공자를 불쌍히 여겨 밥을 주었을 뿐, 보답 따위를 바라고 한 일이 아니오.'라고. 사실 그 아낙네는 한신이 훗날 위대한 장군이 되리라고는 전혀 생각하지 못했을 것이오."

장대삼이 혀를 찼다.

"세상일이란 참으로 알 수 없는 것이오. 그런 위인을 옆에 두고도 못 알아보았다니."

사마천이 다시 말했다.

"한번은 한신이 동네 불량배와 부딪친 적이 있었소. 평소에 한신을 못마땅하게 여긴 불량배가 시비를 건 것이오. 한신은 기골이 장대하고 큰 칼을 차고 다녔는데 그런 모습이 보기 싫었던 것이오. 불량배는 한신에게 가서 말했소. '넌 허우대는 멀쩡하지만 사실은 겁쟁이야.' 하지만 한신은 대꾸도 하지 않았소. 불량배는 열이 받아서 또 시비를 걸었소. '용기가 있으면 그 칼로 나를 찔러 봐라. 내가 찌르라고했으니 걱정하지 말고.' 한신은 여전히 묵묵부답이었소. 불량배는 화를 내며 말했소. '이 겁쟁이! 나를 찌를 용기가 없으면 내 가랑이 밑으로 기어가라!'라고."

사람들이 입을 딱 벌렸다.

"아니, 감히 한신 대장군에게 그런 모욕적인 말을!"

"한신이 바로 푹 찔렀겠구먼."

"그, 그래서 고향을 등지게 되어 큰일을 하게 된 거겠지."

조맹우가 말했다.

"조용! 그래서 한신은 그 썩을 놈의 어디를 찔렀나? 아예 머리통을 베어 버렸나?"

사마천이 고개를 저었다.

"한신은 자리에서 일어나 불량배를 물끄러미 쳐다보았소. 그러더니 아무 말 없이 엎드려서 불량배의 가랑이 사이로 빠져나갔소."

"미쳤어!"

"어? 어? 왜 그런 부끄러운 짓을……."

"대체 왜 그런 것이오? 한신은 왜 그랬답니까?"

사마천은 좌중을 둘러보았다. 모두 자신을 쳐다보고 있었다. 한신의 행동이 무슨 뜻인지를 묻고 있는 눈치였다. 사마천은 새삼 놀라고 말았다. 자기가 아프거나 말거나 관심도 없던 사람들이었다. 바로 곁에 있던 사람이 죽어 갈 때도 무관심하던 사람들이 옛사람의 기이한 행동에는 깊은 관심을 보이고 있었다.

"한신이 거기서 칼을 휘둘러 사람을 해쳤다면 무슨 일이 생겼겠소? 당시는 진시황[18]의 진나라 시절. 법이 엄격하기가 이루 말할 수

없었소. 한신은 붙잡혀서 사형당했을 것이고, 용케 그 자리에서 달아

난다 해도 멀리 못 갔을 것이오."

장대삼이 말했다.

"협객들이 달아나면 쉽게 찾을 수는 없는 법이오. 한신도 달아

날 수 있었을 것이오."

사마천이 고개를 흔들었다.

"그렇지 않소. 진나라의 재상 상앙[19]은 막강한 권력을 가지고

있었지만 일단 도망자 신세가 되자 자신이 만든 법에 걸려 체포되고

말았소."

"그건 또 무슨 이야기요?"

"상앙은 본래 공손앙이 본명이오, 위나라의 왕손이었소. 위나라

에서 기용되지 못하자 진나라로 건너갔고 그곳에서 법가에 따른 개

혁을 이룩했소."

"법가에 따른 개혁이라니?"

"상앙은 다섯 집을 하나로 묶어서 한 집이라도 법을 위반하면

다섯 집이 모두 벌을 받게 했소. 따라서 누군가가 법을 어기면 빨리

고발해야만 했소. 법가는 오로지 형법에만 의존해서 육친 간의 정까

지도 배척하는 사상이나 다름없소."

사마천의 말에 옥 안이 들썩했다.

"그 '오가작통'이라는 빌어먹을 법을 만든 게 상앙이구먼!"

"찢어 죽일 놈!"

사마천이 쓸쓸하게 웃었다.

"욕할 필요도 없소. 상앙은 거열형, 그러니까 수레에 묶여서 사지가 찢어지는 벌을 받았으니……."

장대삼이 물었다.

"어, 어쩌다가 그렇게 되었나요?"

사마천은 눈을 감았다. 상앙의 일생이 머릿속에 떠올랐다.

"국왕이 살아 있을 때는 총애를 받았지만 태자가 왕에 오르자 상앙을 체포하려고 했소. 상앙은 달아나려 했지만 국경 마을에 도착해서 쉴 곳을 찾을 때 여관에 들어갈 수가 없었소. 왜냐하면 자신이 만든 법에 여행 증명서가 없는 사람을 받으면 안 된다고 했기 때문이오. 상앙에게는 여행 증명서가 없었고, 따라서 아무 데도 묵을 수가 없었소. 그 때문에 결국 추격대에게 붙잡히고 말았소."

장대삼이 혀를 차며 말했다.

"태, 태자는 왜 상앙을 싫어했나요?"

"태자가 법을 어겼을 때 상앙은 태자도 죽이려 했소. 다만 태자의 신분 때문에 진짜 죽일 수는 없어서 태자의 사부들을 죽였소. 이 일로 태자는 상앙을 미워하게 되었소."

"나, 나라를 부강하게 만들었지만 비참한 최후를 맞이했군요. 지, 진나라가 배은망덕했네요."

090

3

사기이야기 술술 읽어주는

사마천은 고개를 저었다.

"그렇지 않소. 상앙이라는 사람 자체가 각박한 사람이었소. 상앙이 쓴 책으로 《상군서》라는 것이 있는데, 읽어 보니 각박하기가 이를 데 없는 책이었소. 그는 제왕의 도를 모르는 사람이오."

"제, 제왕의 도라니, 그게 뭔데요?"

"상앙은 처음에 진효공[20]을 만나 오제와 삼왕[21]의 도리를 이야기했으나 진효공은 관심을 보이지 않았소. 그러자 상앙은 춘추오패[22]의 도리를 이야기했는데 진효공이 드디어 관심을 보여서 기용될 수 있었소."

촉새가 손뼉을 치며 말했다.

"아하, 오제라고 하면 황제[23] 이야기인 거지? 그 이야기는 나도 좀 알지."

사람들이 촉새를 바라보자 촉새가 으쓱한 얼굴로 말을 이었다.

"황제 하면 뭐니 뭐니 해도 전쟁 이야기가 짱이지. 황제가 천하를 차지했을 때 치우가 용이 모아 둔 물을 이용해서 홍수를 일으켰지. 황제와 대립했던 치우는 구리로 된 머리에 쇠로 된 이마를 가지고 있었어. 황제는 물 때문에 싸울 수가 없었어. 그뿐만 아니라 아예 온 천하가 물에 잠길 판이었단 말이야. 그러자 황제는 자기 딸인 '발'을 불러들였지. 발은 아주 못생긴 대머리 여자라서 황제도 자기 딸이지만 예뻐하지 않았단 말이야."

오군졸이 웃음을 터뜨렸다.

"여자가 대머리라니, 그것참 안됐네요."

"오죽하면 아비도 버렸겠어. 하지만 그 딸 덕분에 폭풍우를 물리칠 수 있었지. 더 웃긴 건 이 여자가 있기만 하면 거긴 비가 아예 안 온단 말이지. 그래서 가뭄이 드는 걸 '한발'이 들었다고도 말하는 거라고."

"아하, 그런 유래가 있었군요."

"치우는 발 때문에 전쟁에서 밀리게 되자 거인들인 과보족에게 도움을 요청했어. 이 과보족은 과보의 후예들인데 과보는 거인이지만 머리는 텅 비었던 터라 태양을 따라잡으려고 달리기경주를 하다가 지쳐서 죽었다고 하더군."

"아이쿠, 정말 바보였군요."

"아무튼 과보족까지 치우 편에 서서 싸우자 황제는 위기에 처했는데, 이때 하늘나라에서 현녀라는 여신선을 보내서 황제에게 보검을 선사하고 병법을 전수해 주었어. 결국 보검과 병법의 힘으로 황제는 치우를 잡아 죽일 수 있었지."

오군졸이 감탄해서 말했다.

"그냥 지어낸 이야기는 아니지요?"

"지어내다니! 내가 한 이야기는 《산해경》[24]에 나오는 거야. 안 그런가, 태사령 나리?"

"난《산해경》같은 데 나오는 괴물들에 관해선 말하지 않겠소."

촉새가 얼굴을 찌푸렸다.

"모르면 모른다고 말하지그래. 잘 모르는 주제에 '말하지 않겠소.'라고 점잔을 떠는 건 또 뭐야?"

오군졸이 촉새에게 말했다.

"그런데 그런 일들은 언제 일어난 건가요?"

촉새는 난처한 듯 눈알을 뒤룩뒤룩 돌리며 말했다.

"그야 나도 모르지. 아득히 먼 옛날에 일어난 일들이니까."

"태사령 나리는 아시나요?"

"옛날 일들은 언제 일어났는지 알 수도 없지만, 촉새가 한 말은 실제로 일어난 일도 아니니 더더욱 할 말이 없소."

장대삼이 머리를 긁적이며 물었다.

"그, 그럼 언제 일어났는지 모르는 일들은 역사책에 쓸 수 없는 건가요?"

"그렇진 않소. 내가 조사해 본 바로는 주나라의 열 번째 왕이었던 여왕(厲王)이 백성들에게 쫓겨난 뒤 귀족 두 사람이 함께 나라를 다스렸는데 이때를 '공화'[25]라고 부르오. 이때부터의 기록은 연대가 확실하여 믿을 수 있소. 하지만 그 이전에도 사람이 있고 나라가 있었는데 어찌 역사가 없었겠소. 옛날 사람들의 기록이 있으니 그것을 역사책에 적지 않을 수는 없소. 그것이 황당하다고 하여 남겨 놓지 않으면 그때 사람들이 어떤 생각을 해서 그런 이야기를 기록했는지 알 수 없게 되오. 역사가는 그래서는 아니 되는 것이오."

사마천이 말하는 동안 오군졸은 하품을 하고 말았다. 오군졸이 촉새에게 말했다.

"뭔 말인지 모르는 소리를 하는 태사령 나리는 냅두고 그런 재미난 이야기나 좀 더 해 주세요."

촉새는 대뜸 신이 나서 황당한 이야기들을 더 늘어놓았다. 그 모습을 보니 사마천의 머리에 떠오르는 생각이 있었다.

사람들은 재미난 이야기를 좋아한다. 공자가 역사책 《춘추》[26]를 쓸 때도 같은 생각이었을 것이다. 《춘추》는 예의의 가장 중요한 본줄기라고 할 수 있다. 예의는 사람이 지켜야 할 예절과 의리로 공자는 《춘추》를 통해서 그걸 알려 주고자 했다. 사람들은 잘못을 저지르면 처벌받는다는 것을 알지만 예의를 따르면 그것을 사전에 방지할 수 있다는 것은 잘 모른다. 사마천은 씁쓸하게 웃었다. 평생 역사를 공부해 온 자신도 자신에게 가해질 처벌을 사전에 방지하지 못했기 때문이다. 공자는 자신의 도를 전할 수 있는 가장 좋은 방법이 《춘추》에 있다고 생각했는데, 그 이유는 이러했다. 그저 이렇게 저렇게 행하라고 말하는 것만으로는 사람들을 설득할 수 없다는 것을 잘 알고 있었다. 그래서 실제로 일어난 일들을 써서 사람들이 포폄(옳고 그른 일, 선하고 악한 일을 분별하는 것)하는 것이 좋다고 여겼다. 공자는 노나라의 역사를 써서 군주가 어떻게 행동해야 하는지를 드러내고자 했다. 원인과 결과가 명기되니 무엇을 잘못하고 무엇을 잘했는지를 모두 깨우칠 수 있을 것이다. 공자는 역사라는 이야기 속에 교훈을 담고자 했던 것이다. 사마천은 신음처럼 혼잣말을 내뱉었다.

"아, 이 당연한 이치를 나는 정말 잊고 있었구나."

사마천은 이야기 하나를 떠올렸다. 이 감옥 안의 사내들은 협객을 좋아하는 모양이니, 그런 협객의 이야기를 하나 들려주면 어떨까 싶었다. 사마천은 장대삼에게 말을 걸었다.

"진(晉)나라 사람, 예양을 아시오?"

"모, 모르는데요."

"재미있는 이야기니 한번 들어 보시겠소?"

"해, 해 주시면야 잘 듣지요."

사마천은 이야기를 시작했다.

"예양은 춘추시대 사람으로 진나라의 귀족 지백을 섬겼소. 지백은 조양자와 싸웠는데 그만 지고 말았소. 조양자는 지백을 잡아 죽였고, 지백의 해골로 커다란 술잔을 만들었소. 지백의 부하였던 예양은 달아났다가 한숨을 쉬며 이렇게 말했소. '선비는 자기를 알아주는 사람을 위해 죽고, 여자는 자기를 좋아하는 사람을 위해 단장하는 법. 지백은 나를 알아준 사람이니 그를 위해 복수하고 죽음으로 보답하리라.' 예양은 이름을 바꾸고 조양자의 집을 수리하는 일꾼이 되어 뒷간 만드는 일을 했소."

"대, 대단한 사람이었네요."

"예양은 기회를 노리고 있다가 비수로 조양자를 습격했지만 성공하지 못하고 붙잡히고 말았소. 조양자가 예양에게 물었소. '왜 나를 죽이려 한 것이냐?' '나는 지백 나리의 가신(높은 관리의 집에 딸려 있으면서 그 관리를 모시는 사람)이다. 너를 죽여 복수하고자 했다!' 조양자의 부하들이 발끈 화가 나서 예양을 죽이려 했지만 조양자가 그들을 말렸소. '가만히들 있어라. 저자는 의로운 사람이다. 나는 아무 탈도 입지 않았으니 풀어 주도록 해라.' '그럴 수는 없습니다. 또 달려들면 어떡합니까?' '그때도 잘 피하면 그만이지. 지백은 완전히 망해서 후손도 남기지 못했다. 저 사람은 어떤 보답도 받지 못하는데 지백에 대한 충성심으로 원수를 갚겠다고 나선 것이니 참으로 갸륵하기 이를 데 없다. 저자야말로 천하의 현인이로다.' 이렇게 해서 예양은 목숨을 건졌소."

"하, 하지만 복수를 못하면……."

뒷말을 촉새가 끼어들어서 먼저 해 버렸다.

"협객이 아니지."

어느새 사람들은 사마천의 이야기를 듣고 있었다. 역시 협객 이야기를 하자 모두 귀가 솔깃했던 모양이다. 재미있는 이야기가 사람들을 끌어들이는 힘을 가지고 있다는 사실을 사마천은 다시 한 번

깨달았다.

"물론 예양은 복수를 포기하지 않았소. 예양은 온몸에 옻칠을 해서 병자로 가장한 뒤 구걸을 다녔소. 아내조차도 그를 알아볼 수 없을 정도로 철저한 변장이었소. 예양은 벗을 찾아가 조양자 암살에 대해서 상의했소. 벗이 말했소. '이렇게 해 봐야 조양자에게 접근하기가 쉽지 않을 거야. 차라리 정체를 밝히고 조양자에게 신하가 되겠다고 해 보게. 조양자는 인재를 아끼니 자네를 받아들일 걸세. 자네의 재주와 능력이면 신임을 얻게 되는 건 금방일 것이고, 그러면 자연히 자네를 측근에 두게 될 걸세. 그때 조양자를 해치운다면 그야말로 손쉬운 일이 아니겠는가. 어찌 이렇게 스스로 몸을 상해 가며 복수를 꾀하는 건가.' 예양은 고개를 저었소. '신의를 지키기 위해 조양자를 죽이려는 건데, 조양자의 신하가 된 뒤에 그를 배반한다는 것은 있을 수 없는 일이네. 나 역시 조양자를 죽이는 것은 극히 어려운 일이라는 걸 잘 알고 있네. 하지만 나는 두 마음을 가지고 주인을 섬기는 자들에게 부끄러움을 알게 해 줄 걸세.' 예양은 거지로 변장한 채 조양자가 늘 다니는 다리 밑에 숨었소. 조양자가 지나갈 때 그를 해치울 작정이었소."

오군졸이 안달하며 물었다.

"아, 그래서 어떻게 되었나요? 복수는 성공했나요?"

"드디어 조양자가 나타났소. 조양자는 말을 타고 있었는데, 영특

한 말이 조양자가 숨어 있는 곳에 도달하자 투레질을 하며 걸음을
멈춰 버렸소. 조양자는 예양이 숨어 있다는 걸 금방 눈치챘소."

"아, 그놈의 말 때문에!"

"곧 수색이 시작되었고 예양은 다리 밑에서 붙잡혔소. 조양자가
잡혀 온 지백에게 물었소. '너는 지백을 처음 섬긴 것이 아니다. 다른
사람들도 섬겼고, 그 사람들도 지금은 다 멸망했다. 그런데 너는 다
른 주인을 위해서는 복수하려 하지 않는데 오직 지백을 위해서만 복
수하려고 드는구나. 대체 그 이유가 무엇이냐?' 예양이 대답했소. '그
사람들은 나를 그저 보통 사람으로 대접했으니 내가 그 사람들에게
보통 사람으로 보답하면 그만이지만, 지백 나리는 나를 국사(뛰어난
선비)로 대우했기에 나 역시 국사로써 보답하고자 할 따름이오.' 조양
자는 예양의 기백에 감탄했소. 하지만 더는 예양을 놓아줄 수 없었
소. 예양은 처형 전에 한 가지 소원을 들어 달라고 했소."

"무슨 청이었나요? 살려 달라는 건 아니었겠죠?"

"물론이오. 예양은 조양자의 옷을 한 벌 달라고 했소. 그 옷에
칼질을 해서 주인의 원한을 풀겠다고 한 것이오. 조양자가 옷을 내려
주자 예양은 세 번 칼질을 하고 지백의 원한을 갚은 것을 천하에 외
친 뒤에 자결하고 말았소."

"아, 차, 참으로 대단한 사람입니다."

장대삼도 예양의 이야기에 감탄했다. 다른 사람들도 감탄하긴

마찬가지였다.

장대삼이 말했다.

"예, 예양의 일은 《춘추》에 적혀 있나요?"

"아니오. 조씨 집안이 모반을 일으킨 일만 적혀 있소. 예양의 일은 공자가 죽은 뒤에 생긴 일이니 당연히 쓸 수가 없었소. 하지만 아마 알아도 적지 않았을 것이오."

"왜 적지 않았을 것이라 생각하오?"

"《춘추》는 대의를 밝힌 책이라 지극히 간략하게 만들어졌소. 그 안에는 위대한 뜻이 담겨져 있지만 그것은 오래도록 깊이 생각해야 알 수 있소. 예양의 일은 그런 큰 뜻을 적는 데는 부합하지 않기 때문이오."

장대삼이 혀를 찼다.

"그. 그렇다면 결국은 예양의 일은 사람들에게서 잊힐 것이고, 예양은 헛되이 죽은 것이 될 것 아닌가요? 그, 그리고 예양이 가졌던 큰 뜻, 그러니까 두 마음을 가지고 주인을 섬기는 이들에게 부끄러움을 안긴다는 숨은 뜻도 사라지고 말 거고요. 이, 이게 과연 옳은 일인가요?"

"그렇소. 그래서 새로운 역사책이 필요한 것이오."

사마천은 즉각 장대삼의 말에 공감해 주었다. 하지만 그것은 새로운 고민거리기도 했다. 사실 예양의 이야기 같은 것은 역사의 큰 흐름 속에서는 작은 이야깃거리에 불과했다. 군주의 치적 사이에 끼워 넣을 수 없는 한 개인의 이야기일 뿐이었다. 하지만 그렇다고 이런 이야기를 버릴 수도 없었다.

"이런 작은 이야기들을 모아서 따로 편찬할 필요가 있겠다."

사마천은 저도 모르게 중얼거렸다. 군주의 치적을 다루는 이야기가 아니더라도 사람들이 알아 둬야 할 가치 있는 이야기들을 모아서 따로 적어야겠다고 생각한 것이다. 이런 역사의 흐름에서 비켜난 사람들뿐만 아니라 역사의 흐름에서 중대한 일을 한 사람도 소소한 이야기들을 가지고 있을 수 있다. 한신이 불량배의 가랑이를 지나간 이야기 같은 것은 한신이 천하통일을 위해 군사를 지휘한 중대한 사건에 비한다면 한 개인의 소소한 이야기에 불과하다. 하지만 이 이야기를 통해서 사람들은 원대한 뜻을 품은 사람들은 경거망동하지 않는다는 교훈을 얻을 수 있을 것이다. 그러니 이런 이야기는 군주들의 행적을 다루는 장이 아니라 예양과 같은 협객의 이야기를 다루는 장에 따로 써야 한다.

사마천은 저도 모르게 주먹을 불끈 쥐었다. 자신이 쓰는 역사책에는 군주들의 행적을 적는 '본기', 그리고 이런 소소한 이야기들을 적는 '열전'을 따로 구분해 놓아야겠다고 생각하게 된 것이다.

"뭐, 뭔가 기분 좋은 일이 있으신 모양입니다."

장대삼이 사마천의 표정을 살피며 말했다.

"그렇소. 지금 이야기를 나누다가 '열전'을 구상해 냈소."

"여, 열전이요? 사, 사람들의 전기를 말씀하는 건가요?"

"아니오. 전기는 그 사람이 나서 자라고 죽을 때까지의 모든 이야기를 다뤄야 하는데, 그건 참으로 지루한 일이고, 또 고대 사람들의 경우에는 그만한 정보를 찾기가 어렵소. 그러니 내가 쓰는 열전은 한 사람에게 있어 재미나고 가치 있는 기록을 모아 놓는 것이 될 것이오."

장대삼은 머리를 긁적였다. 장대삼에게는 좀 어려운 이야기였다. 사마천도 쓴웃음을 지었다.

공자가 《춘추》를 쓴 지 벌써 400년 남짓 되었다. 그동안 제후들은 서로 싸우기에만 열중해서 역사를 기록하는 일은 단절되고 말았다. 얼마나 많은 일들이 일어났던가. 그리고 진시황의 분서갱유[27] 때문에 많은 역사 기록물이 없어져 버렸다. 그리고 사라진 기록 사이로 또 얼마나 많은 허황된 이야기가 나올 것인가. 이 때문에 아버지 사마담은 자신이 완성하지 못한 역사서를 꼭 완성해야 한다고 유언을 남기지 않았던가.

사마천이 감옥에 온 둘째 날 중얼거렸던, 아버지가 하신 말씀이란 바로 이것이었다. 새로운 역사책을 만들라는 것. 몇 번이나 그 초안을 잡고자 붓을 들었다가 무엇을 고르고 무엇을 빼야 할지 몰라 망설이다가 붓을 내려놓았었다. 하지만 이제는 쓸 수 있을 것 같았다.

[16] 《사기》〈굴원가생열전〉에 수록된 굴원(?B.C 343~?B.C 278)은 전국시대 초나라의 정치가이자 시인이다. 그가 남긴 글은 《초사》라 불리며 중국 문학사에 지대한 영향을 미쳤다. 사마천은 그를 흠모했으며, 그의 지조를 높이 평가했다.

[17] 한신(?~B.C 196)은 본래 초나라 항우를 섬겼지만 중용되지 않자 한나라 유방(한고조) 밑으로 옮겨 가 대장군이 되었다. 이후 항우를 무찌르고 한나라가 통일 왕국이 되는 데 가장 큰 공을 세웠다. 《사기》〈회음후열전〉이 회음 태생인 한신의 전기다.

[18] 진시황(B.C 259~B.C 210)은 중국 최초의 통일 제국인 진(秦)나라를 건설했다. 법가의 이론에 따라 진나라를 엄격하게 통치했는데, 이는 그의 사후에 각지의 반란을 가져왔다. 중국사에 가장 큰 영향을 미친 인물로 평가되지만, 그에 관한 역사 기록은 많지 않다. 사마천의 《사기》와 유향의 《전국책》 정도를 꼽을 수 있는데, 이도 사실과 전설의 구분이 모호하다는 평가를 받는다.

[19] 상앙(?~B.C 338)은 전국시대 진나라의 정치가로 부국강병책을 시행해 진나라의 천하 통일 기반을 닦았다. 엄격한 법치를 시행하여 원한을 많이 샀고 결국 그 때문에 처형당했다. 《사기》〈상군열전〉에 그의 이야기가 실려 있다.

[20] 진효공(재위 B.C 361~B.C 338)은 진나라 제25대 왕으로 상앙을 기용해 대대적인 혁신 정책인 변법을 시행하여 진나라의 부국강병을 이룩했다.

[21] 오제는 고대 중국 전설상의 다섯 임금으로 황제, 전욱, 제곡, 요, 순을 가리키며, 삼왕은 하나라의 우왕, 상나라의 탕왕, 주나라의 문왕을 가리킨다. 이들은 모두 뛰어나고 이상적인 지도자로 일컬어진다.

[22] 춘추오패는 춘추시대에 등장한 강력한 군주 다섯을 가리킨다. 형식적으로 천하는 주나라의 것이었지만 실질적으로는 제후 중 실력자인 패자가 등장해서 회맹을 주도했다. 그 다섯은 제나라의 환공, 진(晉)나라의 문공, 초나라의 장왕, 오나라의 합려, 월나라의 구천을 가리킨다. 때로는 합려, 구천 대신 진(秦)나라의 목공, 송나라의 양공을 넣기도 한다.

[23] 여기서 '황제'는 진시황제 등 중국의 통치자를 가리키는 용어가 아니라 제왕의 이름이다. 중국의 전설적인 시조로 우리나라로 치면 단군에 해당한다.

[24] 《산해경》은 중국에서 가장 오래된 지리책으로 한나라 초기 사람인 유흠이 정리하여 전해 온다. 괴상한 괴물에 대한 기록도 많이 포함되어 있어 지리 연구뿐만 아니라 신화 연구에도 이용한다.

[25] 공화 원년은 기원전 841년이다. 공화제라는 말도 여기서 유래했다.

[26] 공자가 지은 《춘추》는 노나라 은공 원년(B.C 772)부터 애공 14년(B.C 481)까지를 기록한 역사책이다. 공자는 《춘추》를 통해 역사는 정치사의 잘잘못을 가려 후세를 경계하는 일이라고 보았다. 그는 《춘추》를 쓰면서 춘추필법을 견지했다. 이는 객관적이면서도 엄정한 비판의 자세를 흩트리지 않는 것이다. 특히 옳고 그름을 엄정하게 가리는 '포폄'이 춘추필법의 정신이다. 사마천의 아버지 사마담은 태사령이던 자신의 뜻을 이어 아들이 공자의 《춘추》와 같은 역사서를 쓰기를 염원했다.

[27] 분서갱유(焚書坑儒)는 진나라의 승상(우리나라 정승)인 이사가 실용 서적만 남기고 모든 책을 불태우게 하고 유교를 따르는 선비를 구덩이에 생매장한 일을 가리킨다. 《사기》 〈진시황본기〉에 분서갱유에 관해 자세히 묘사돼 있는데, 사마천은 진시황에게 분서갱유를 권하고 백성에게 가혹한 형벌 정책을 편 이사를 꾸짖는다.

4

장사 한번 떠나가면
다시 오지 못하리라

그들의 목적은 매우 분명하였고, 자신들의 뜻을 욕되게 하지 않았으니, 그들의 이름이 후세에 전함이 어찌 망령되겠는가!

– 《사기》 〈자객열전〉 중에서

아침에 사마천에게 면회 신청이 들어왔다. 아내가 이제야 소식을 듣고 찾아온 것이다. 아내는 며칠 사이에 초췌해지기 이를 데 없이 변해 버린 사마천의 모습에 놀라 아무 말도 못했다. 아내는 고치솜을 넣은 옷을 건네고는 줄줄 눈물만 흘렸다.

"집에는 별일 없소?"

사마천도 할 말을 찾지 못하다가 간신히 말문을 열었다. 아내는 조용히 고개만 흔들었다.

"너무 걱정하지 마시오. 잘못한 일이 없으니 곧 풀려날 것이오. 그동안 당신이 고생이 많겠소."

아내는 이번에도 고개를 흔들었다. 고생이야 감옥에 갇힌 남편이

하는 거지, 자신은 고생할 것이 없다는 뜻이었다.

사마천이 옷 보따리를 안고 감방으로 돌아오자 촉새가 바로 그를 불러 세웠다.

"면회를 나갔다 오더니 보따리가 생겼다? 이리 내놓아라."

"이건 옷가지일 뿐이오."

"안다, 알아. 그러니까 내놓으라는 거지."

사마천은 쓴웃음을 지었다. 새 옷을 강탈하려는 수작이라는 걸 이제 안 것이다.

"겨우 힘없는 사람의 옷가지나 빼앗아 가려고 하면서 협객 운운 했단 말이오?"

촉새가 사마천을 무섭게 노려보았다.

"자, 가져가시오. 입고 협객의 위세를 떨쳐 보시오."

사마천이 옷 보따리를 촉새의 발치에 툭 던졌다. 촉새는 보따리를 발로 차 버리고 버럭 소리를 질렀다.

"이 자식이 미쳤나? 감히 어디서 이따위 행실이야!"

촉새는 발을 들어 사마천의 배를 걷어찼고, 사마천이 허리를 구부리자 그의 등을 사정없이 밟아 버렸다. 얼마나 맞았는지 사마천은 정신을 잃고 말았다. 정신이 들었을 때는 이미 감방 안은 어둑어둑해져 있었다. 정신을 잃은 통에 온종일 먹은 것도 없었다. 사마천은 극심한 허기와 고통에 눈물을 흘리고 말았다.

"여, 여기 이것 좀 드세요."

장대삼이 만두 하나를 소매에서 꺼내 주었다. 원래 쓴맛밖에 나지 않는 만두가 꼬질꼬질한 소매에서 나와 먹음직스러운 면은 하나도 없었지만 사마천은 그걸 달디 달게 먹었다. 조금 몸에 기운이 돌아왔다.

"이, 이거 입으세요."

그건 촉새가 입던 옷이었다. 사마천의 새 옷으로 갈아입고선 자기 옷을 던져 놓은 모양이었다. 부은 눈으로 촉새 쪽을 보니 흰 새 옷을 걸치고 점잔을 빼며 앉아 있었다.

"오, 옷 위에 겹쳐 입으면 좀 나을 겁니다."

장대삼이 그 옷을 자기가 입지 않고 양보한 것만 해도 대단한 일이었다. 사마천은 천천히 옷을 입었다. 촉새가 사마천을 보고 비웃으며 말했다.

"옷이 날개라더니, 아주 잘 어울리는구먼. 다 내 덕인 줄 알라고."

촉새가 이런 날강도 행각을 벌이고 있었지만 조맹우는 아무 간섭도 하지 않았다. 무슨 일이 일어났는지도 모르는 양 구석 자리에서 이나 잡고 앉아 있었다. 사마천의 마음속에서는 분노의 불길이 일었다. 협객이 대체 뭔지도 모르는 저 불한당들을 어떻게 해야 하나 답답한 심정이었다.

날은 점점 더 추워졌고 감방의 추위는 견디기 어려울 지경이었다. 거기에 촉새가 가져간 옷이라도 있었다면 조금은 처지가 나았을 것이라 생각하자 더 우울해지고 말았다. 사마천의 인상을 살피던 장대삼이 말했다.

"자, 잘 버티세요. 보, 봄이 오면 희망이 있으니까요."

오군졸이 말을 받았다.

"그래, 겨울이 오면 봄이 멀지 않은 거지. 겨울은 없어지고 그냥 봄이 되면 안 되려나."

"감방이 춥기는 하지만 봄이 된다고 뭐 특별히 달라지겠소?"

사마천이 혼잣말처럼 중얼거렸다. 장대삼이 대답했다.

"다, 당연하지 않아요? 나, 나리는 조정의 신하로 어찌 그런 간단한 사실을 모르세요?"

"무슨 말이오?"

"보, 봄이 되면 사형을 집행하지 않으니까요."

조맹우가 버럭 소리를 질렀다.

"어느 놈이 사형 운운하는 거야! 재수 없게!"

장대삼이 찔끔 몸을 움츠렸다.

"장대삼이 저건 하여간 머릿속에 든 게 없어. 저걸 죽여, 살려?"

촉새가 얼른 나서서 조맹우를 달랬다.

"조대협, 너무 심려치 마십시오. 장대삼이 저건 원래 얼간이 아닙니까? 마음을 푸십시오."

그러더니 촉새가 오군졸에게 말했다.

"오군졸, 노래나 한 곡 해 봐. 조대협이 마음 좀 진정시키시게."

조맹우가 성질을 부리면 감방 안은 곡소리가 나는 것이 정상이었다. 오군졸이 얼른 촉새의 말을 받았다.

"흠흠, 그럼 목이나 풀어 볼까요?"

오군졸이 노래를 부르기 시작했다.

바람 소리 쓸쓸하고 역수는 차가워라.

장사(壯士) 한번 떠나가면 다시 오지 못하리라!

훌륭한 목소리였다. 짧은 노래였지만 장대삼과 촉새도 다투는 것을 잊어버리고 그 자리에 멍하니 섰다. 울분에 차 있던 사마천도 박수를 치며 말했다.

"연나라 자객 형가가 부른 노래 아니던가."

오군졸이 머쓱하게 머리를 긁었다.

"내력은 잘 모릅니다. 하도 비장한 분위기가 있어서 좋아하기는 합니다만······."

촉새가 말했다.

"자객 형가라면 협객 중의 협객으로 진시황을 암살하러 갔던 그 사람 아닌가? 그런 유명한 협객을 모른다면 말이 안 되지."

촉새가 거드름을 피우며 형가에 대한 이야기를 꺼내 놓았다.

"형가에 대한 이야기를 하려면 먼저 연나라 태자 단에 대해서 알아야 하지. 태자 단은 원래 진시황의 어릴 적 친구였다, 이거야. 진시황의 아버지는 조나라에 인질로 가 있었고 거기서 진시황이 태어났는데, 태자 단도 거기에 인질로 있었거든. 그런데 나중에 진시황이 진나라 왕이 된 뒤에 태자 단은 진나라에 인질로 가게 되었어. 그런데 조나라에서 친하게 지냈던 진시황이 이제는 인정사정 안 봐주었단 말이야. 진시황이 결국 다른 나라를 모두 정복할 거란 사실을 눈치챈 태자 단은 귀국하게 해 달라고 진시황에게 청을 올렸단 말씀. 그러자 진시황이 비웃으며 이렇게 말했다지. '하늘에서 곡식이 떨어지고 말에게서 뿔이 난다면 돌아갈 수 있을 것이다.' 그런데 태자 단이 하늘을 우러러보며 탄식하자 정말 하늘에서 곡식이 떨어지고 말의 머리에 뿔이 솟아오른 거야! 엄청난 일이지."

사마천은 그 말에 껄껄껄 웃고 말았다.

"이 자식이? 감히 내가 말하는데 웃어?"

"전일 곽해에 대해서도 알지 못하면서 아는 척하더니 이번에도 어디서 들은 허황된 이야기를 하니 웃을 수밖에 없소. 말한테 뿔이 나다니, 어찌 그런 일이 있겠소. 정말 진시황이 그렇게 말했다면 태자 단은 영영 자기 나라로 돌아가지 못했을 것이오."

장사 한번 떠나가면
다시 오지 못하리라

4

곽해에 대한 말이 나오자 촉새는 입을 다물었다. 슬그머니 조맹우의 눈치를 살피는데, 조맹우는 이야기에 별 관심이 없어 보였다.

"내가 한 이야기도 다 책에서 본 거라고. 내가 본 건 무시하는 거야?"

"옛사람들이 세상의 이치를 다 몰라서 아무렇게나 지어낸 이야기들을 다 믿어서는 곤란하오."

"그럼 네가 옛사람들보다 더 낫다는 거냐?"

사마천은 더 이상 말하지 않았다. 학문의 깊은 의미와 오묘한 이치를 논하기에는 이 사람들은 아는 것이 너무 없었다. 그런 이야기를 나누기에는 촉새가 알고 있는 학식이 너무 얕았다. 배우기를 좋아하고 생각을 깊이 해서 마음속으로 그 뜻을 알고 있는 사람이 아닌 이상, 견문이 좁은 사람에게 이런 이야기를 한다는 것은 실로 어려운 일이다. 촉새는 사마천이 말을 하지 않자 자기가 이겼다 싶어서 히죽거리며 자리로 돌아갔다.

오군졸이 사마천에게 말했다.

"태사령 나리 때문에 형가 이야기는 하나도 못 들었으니 책임지십시오."

그렇지 않아도 사마천은 오군졸이 형가의 노래를 불렀을 때부터 그에 대한 이야기를 해 볼 생각이었기에 오군졸의 말을 얼른 받았다.

"그럼 내가 형가에 대한 이야기를 해 주겠소. 형가는 책 읽기와 검술을 좋아했소. 형가는 전국을 떠돌아다녔는데, 검술로 유명한 사람들과 만나기도 했소. 조나라 지방에서 갑섭이라는 사람을 만나 검술에 관한 이야기를 나눈 적이 있었소. 서로 의견이 맞지 않자 갑섭은 형가에게 눈을 부릅떴소. 형가는 자리에서 조용히 일어나 그곳을 떠나 버렸소. 갑섭은 자기가 눈을 부라리자 겁먹은 형가가 떠난 것으로 생각했소. 또 형가는 조나라 여행 중에 노구천이라는 사람과 장기를 둔 적이 있는데, 이때도 노구천이 화를 내자 아무 말도 하지 않고 달아나 버렸소."

"하, 한신이 동네 불량배와 다투지 않은 것처럼 형가도 수준이 낮은 자들과 다투지 않았던 건가요?"

장대삼이 물었다. 사마천이 대답했다.

"당연히 그렇소. 의견이 다르다고 윽박지르는 자나, 겨우 장기 같은 하찮은 유희를 가지고 성내는 자와는 교분을 맺을 필요가 없다고 생각한 것이오."

오군졸이 장대삼에게 투덜댔다.

"중간에 이야기 끊지 마."

"형가는 연나라에 와서 개백정과 악사와 친해졌소. 세 사람은 시장 바닥에서 술을 마시고 악기를 연주하고 노래를 불렀소. 마치 주변에 아무도 없는 것처럼 울기도 하고 웃기도 했다오. 하지만 연나라의 이름 높은 선비들은 형가가 보통 사람이 아님을 알고 있었소."

장사 한번 떠나가면 다시 오지 못하리라

4

"주머니 속의 송곳이 날카로운 것은 보지 않아도 안다는 것처럼 형가도 이름을 벌써 날렸다, 이 말이지."

촉새가 끼어들었다. 삐친 척 갔지만 전국시대 가장 유명한 자객 형가 이야기인지라 절로 귀가 솔깃했던 것이다. 사마천은 아무 대꾸 없이 말을 이었다.

"이 무렵 진시황은 다른 나라들을 하나씩 멸망시키고 있었소. 연나라 태자 단은 진시황과는 어린 시절 함께 자란 친구 사이였지만, 진나라가 결국은 연나라도 멸망시키리라는 것을 잘 알고 있었소."

"그것참, 악연이로군요."

오군졸이 말했고 장대삼은 살짝 눈을 흘겼다.

"진나라 장군 번오기가 진시황에게 죄를 지어 연나라로 도망쳐 왔소. 재상은 그를 받아들여서는 안 된다고 말했지만 태자 단은 그 말을 듣지 않았소. 진나라가 언제라도 쳐들어올 수 있었기에 태자 단은 뭔가 방법을 찾아야만 했기 때문이오. 번오기도 진시황을 미워하니 그런 사람들과 힘을 합해야만 했던 것이오."

"혀, 형가는 언제 나오나요?"

"곧 나오니 걱정 마시오. 태자 단은 전광 선생이라는 명사를 만나 진시황에 대한 대책을 물었소. 전광 선생은 자신은 이미 늙어서 소용이 없으나 대신 형가를 소개시켜 주겠다고 말했소."

사마천은 여기서 잠시 말을 끊었다. 모든 이들이 사마천을 바라보고 있었다. 안 그런 척하고 있던 조맹우도 사마천을 슬며시 보고 있음을 알 수 있었다.

"태자 단은 전광 선생에게 형가에 대한 이야기는 국가 대사이니 비밀을 지켜 달라고 말했소. 전광은 형가를 만나 태자 단이 찾는다는 말을 전하고는 그 앞에서 자결하고 말았소."

"아니, 왜 그런 짓을?"

오군졸이 놀라서 물었다.

"태자 단이 비밀을 누설하지 말라고 했기 때문이오. 전광 선생은 태자 단이 비밀 운운한 것에서 그가 자신을 의심하고 있다고 형가에게 말했소. 전광 선생은 대체로 일을 도모할 때 남의 의심을 사는 것은 절개 있고 의협심이 있는 사람의 행동이 아니라고 하며 죽은 사람은 절대 비밀을 누설할 수 없다는 유언을 남기고 스스로 목을 찔러 죽었던 것이오."

"협객이로다."

조맹우가 바닥을 탁 쳤다. 사마천이 말을 받았다.

"그렇소. 협객은 이처럼 신의를 지키는 사람들이었소."

촉새가 어색하게 딴 곳을 쳐다보았다.

"형가는 태자 단을 찾아가 무엇을 원하느냐고 물었소. 태자 단은 조말과 같은 용사를 원한다고 말했소."

"조말은 누군가요?"

오군졸이 물었다.

"조말은 노나라의 장군으로 제나라와 세 번 싸웠는데 그때마다 져서 영토를 크게 잃었소. 조말은 노나라와 제나라가 화친을 맺는 자리에 있다가 비수를 들고 제환공을 위협하여 노나라의 영토를 반환하게 하였소."

"아니, 비수로 받은 협박을 순순히 인정했단 말이에요?"

"제환공은 약속을 지키지 않으려 했지만 재상 관중[28]이 제환공에게 약속을 지키게 했소. 관중은 이미 약속한 일을 지키지 않고 작은 땅에 욕심을 부리면 제후들이 따르지 않게 될 것이라고 충고했소."

촉새가 끼어들었다.

"조말 따위야 알 거 없어. 그래서 형가는 어떻게 했나?"

사마천이 이야기를 다시 시작했다.

"형가는 처음엔 사양했지만 결국 진시황을 암살하는 일을 맡기로 했소. 하지만 형가는 오래도록 길을 떠나지 않았소. 애가 탄 태자 단은 형가에게 암살을 재촉하였소. 형가는 두 가지 물건을 요구했는데 하나는 연나라 지도인지라 어려운 일이 아니었지만, 다른 하나가 문제였소."

"뭐, 뭐였는데요?"

"바로 장군 번오기의 목이었소."

"에에? 그, 그건 왜 필요했나요?"

"태자 단도 그걸 물었소. 형가는 진시황에게 접근하기 위해서는 그 정도는 되어야 한다고 말했소."

"그래서 태자 단이 번 장군의 목을 베었나요?"

오군졸이 물었다.

"아니오. 태자 단은 허락할 수 없다고 했소. 그래서 형가는 번오기를 찾아가 목을 달라고 청하게 되었소."

"어이쿠, 본인한테 죽어 달라고 했다고요?"

"그렇소. 그리고 번오기는 진시황을 죽일 수만 있다면 기꺼이 죽겠다며 자결하였소. 그 역시 대단한 협객이었던 것이오. 형가는 드디어 길을 떠나게 되었고, 역수에서 강을 건너며 노래를 불렀소."

"아, 그게 바로……."

오군졸이 감탄사를 내뱉었다.

"맞소. 바로 그대가 부른 노래가 이때 형가가 부른 노래라오. 형가의 비분강개한 노랫소리에 사람들의 눈이 모두 부릅떠지고 머리카락이 솟구쳐 오를 지경이었소. 형가는 수레를 타고 떠나면서 한 번도 뒤돌아보지 않았소."

"진시황도 별수 없이 함정에 빠지게 되었겠네요."

"그렇소. 형가는 지도와 번 장군의 목을 바쳐서 진시황의 옆에 설 수 있었지만 암살에 실패하고 말았소."

"아, 왜 실패했나요?"

"형가는 지도 안에 숨겨 둔 극약을 바른 비수를 꺼내고 진시황의 소맷자락을 붙잡았소. 그 순간 진시황은 소매를 떨치며 자리에서 일어났고 비수는 소맷자락만 자르고 말았소."

"그, 그런 실수를!"

"진시황은 장검을 가지고 있었는데, 너무 길어서 뽑을 수가 없었소. 형가는 짧은 비수를 가지고 있었으니 진시황을 찌르기 위해서는 바짝 다가가야 했소. 진시황은 대전의 기둥을 끼고 돌면서 시간을 벌고 있었소. 그때 어의가 형가에게 약주머니를 던져 주춤거리게 만들었고, 그 사이에 진시황은 장검을 등에 지고 칼을 뽑아냈소."

"칼의 길이가 서로 다르니 형가가 속절없이 당했겠군요."

"그렇소. 형가는 쓰러지고 말았소. 형가는 애초에 조말처럼 진시황을 협박해서 군사를 물리려고 했소. 일격에 진시황의 목숨을 노렸다면 실패하지 않았을 것이오."

오군졸이 한숨을 내쉬었다.

"전광 선생과 번오기 장군, 이 두 사람이 목숨을 버려 가며 일을 도왔지만 끝내 성공하지 못하다니. 대체 그 이유가 뭐라고 생각하시나요?"

"진나라는 처음에는 작은 나라였고 중원에서 멀리 떨어진 곳에 위치해서 육국은 진나라를 오랑캐 취급을 하였소. 하지만 진헌공 이

후부터 진나라는 늘 제후들의 중심에 군림했소. 진나라의 덕이라는 것은 노나라나 위나라의 포악한 자들보다도 못하였고, 진나라의 병사는 한·위·조보다도 못했는데도 천하를 통일하였소. 진나라가 험준한 위치에 자리 잡아서 그렇다는 말도 있지만 단지 그것만은 아닐 것이오. 아마도 하늘이 도왔던 것 같소."[29]

오군졸이 쓸쓸한 웃음을 지으며 말했다.

"하기야 하늘의 뜻이 아니고서야 진시황 같은 폭군이 천하를 다스릴 리가 없었겠지요. 그러고 보면 하늘도 참 무심하네요."

"천도의 오묘함을 우리가 모두 알 수는 없소. 단지 역사는 그것을 기록하여 후대의 사람들에게 깨우침을 주고자 할 뿐이라오."

"천도 같은 소리 하네. 아까 내가 한 말을 싹 무시했는데 말이야. 네가 한 말은 뭐, 근거라도 있어? 어차피 떠도는 이야기겠지. 형가가 진시황을 찔러서 피도 났다고 하더라."

"그 말도 사실이 아니오."

"어라? 이게 뭘 믿고 자꾸 내 말은 다 틀렸대?"

촉새가 발길질을 하려 들자 사마천은 황급히 물러나며 말했다.

"공손홍과 동중서[30]는 진시황 암살 때 약을 던졌던 어의와 알고 지냈소. 나는 이 두 사람에게서 직접 형가에 대한 이야기를 들었소."

"뭐?"

촉새는 그만 말을 하지 못했다. 공손홍이나 동중서 같은 고관의 이름이 나오자 살짝 겁도 났던 것이다. 사마천은 촉새가 더 말을 하지 않자 다시 이야기를 꺼냈다.

"진시황 암살 건에는 조금 더 이야기가 있소. 형가의 벗이었던 악사 고점리의 이야기요. 한번 들어 보겠소?"

조맹우가 대답했다.

"좋지. 한번 해 보게."

사마천이 이야기를 시작했다.

"형가가 죽은 뒤 형가의 벗이었던 악사 고점리도 신변에 위험을 느끼고 이름을 바꾸고는 남의 집 머슴으로 들어갔소. 마음껏 음악을 즐기며 살다가 남의 고용살이를 하게 되니 괴로움이 이만저만이 아니었소. 특히 손님이라도 와서 악기를 연주하면 그 근처를 떠나지 못하고 서성거릴 수밖에 없었소. 그러면서 손님의 연주 솜씨를 평하곤 했소."

"부, 불쌍한 처지가 되었군요."

"그 품평하는 것을 들은 다른 머슴이 주인에게 그 사실을 일러 바쳤소. 주인은 고점리를 불러서 연주를 청했소. 고점리는 도망친 이래 처음으로 다시 연주를 했소. 사람들은 감탄했고, 고점리는 남은 인생을 악사로서 살아가리라 마음먹었소."

"자, 자기 본령을 찾았군요."

"그렇소. 고점리가 다시 연주를 시작하자 그 명성이 널리 퍼졌고 진시황에게까지 들어갔소. 진시황은 고점리를 불러들였소. 하지만 고점리가 형가의 친구였기 때문에 자신에게 해를 끼칠까 두려워 고점리의 두 눈을 멀게 만들었다오."

"저런 빌어먹을 놈!"

그때까지 아무 말도 없었던 조맹우가 난데없이 소리를 질렀다.

"천하의 개상놈이죠."

촉새가 옆에서 비위를 맞췄다. 조맹우는 촉새는 거들떠보지도 않고 사마천에게 물었다.

"그래서 어떻게 되었나? 고점리가 진시황의 개 노릇을 한 건 아니겠지?"

"진시황은 자주 고점리를 불러 연주를 시켰고 그때마다 칭찬을 아끼지 않았소. 그러던 어느 날, 고점리의 연주를 잘 듣기 위해 그를 좀 더 자기 곁으로 불러들이게 되었소. 고점리가 어떤 흉심이 있다 할지라도 눈이 멀어서 할 수 있는 일이 없으리라 생각했던 것이오. 고점리는 진시황 곁에서 연주를 할 수 있게 되자 자신의 악기 안에 납덩어리를 집어넣었소. 이제 고점리의 손에 들린 것은 악기가 아니라 묵직한 철퇴가 된 것이오."

"그거 멋진데요."

오군졸이 손뼉을 치며 말했다.

"고점리는 진시황 옆으로 안내되었을 때 악기를 들어 진시황이 있을 자리를 강타했소. 하지만 눈이 멀었던 고점리의 일격은 어이없이 빗나가고 말았소. 진시황은 고점리를 죽였고 그 이후에는 절대 다른 나라 출신들은 가까이 두지 않았소."

"고점리야말로 진실한 협객이로세. 참으로 멋진 사내였구먼."

조맹우가 감탄한 목소리로 말했다. 조맹우의 기분이 좋아 보여서 사마천은 그간 궁금하던 것을 물어보았다.

"그런데 조대협은 어쩌다가 감방에 잡혀 온 것이오?"

"흐흐, 간덩이가 부으셨나? 감히 나한테 그런 걸 물어봐?"

조맹우가 눈을 부릅떴다. 사마천이 찔끔하자 조맹우는 껄껄껄 너털웃음을 지었다.

"좋아, 좋아. 오늘은 기분이 좋으니 내가 말해 주지. 촉새밖에 모르던 일이긴 한데 말이야. 우리 고을에서 있었던 일이야. 마을의 부호 집에서 금붙이가 사라졌어. 그 집 하녀가 말하기를 조맹우가 담을 넘어와 금붙이를 훔쳐 갔다고 하더래. 그런데 난 그놈의 집구석엔 가 본 적도 없단 말이지. 그때 나는 주막에서 한참 술을 마시고 있었거든. 그런데 그건 내가 하는 말이니까 관청에서 믿어 주지를 않더군. 심지어 나랑 같이 마시고 있던 사람들도 있었는데, 그 사람들의 증언도 내가 협박해서 조작한 거라고 하더란 말야."

조맹우가 씩 웃었다.

"내가 아무 죄도 없다는 건 아니야. 하지만 그 물건만은 내가 훔치지 않았어. 하기야 그게 뭔 상관이겠어. 왕온서 같은 인간한테 걸리면 어차피 끝장인 것을."

"왕온서……."

혹리 중의 혹리라 할 왕온서의 악명은 사마천도 들은 바 있었다. 촉새가 생각만 해도 열 받는다는 듯이 성질을 부리며 말했다.

"혹독하기로 둘째가라면 서러울 인간이었지. 살인마라 불러도 괜찮을 거야. 왕온서가 태수로 있을 때 조그만 잘못만 있어도 일족을 다 죽여서 피가 십여 리를 흘렀었다고. 아주 고을을 작살낼 판이었지."

조맹우가 말했다.

"하지만 다행히도 죽여야 할 인간이 하도 많아서 미처 다 죽이지 못한 채 입춘이 되어 버렸지. 그러자 왕온서는 발을 구르며 탄식했어. '아아, 겨울이 한 달만 더 있었다면 모조리 처리해 버릴 수 있었을 텐데.'라고 말이야. 하하하, 그리고 난 봄이 오는 바람에 살아남아서 아직도 이 감방 안에서 썩고 있는 중이고 말이야."

촉새가 말했다.

"그러니 조정의 관리라는 것들을 보면 우리 부아가 끓겠나, 안 끓겠나!"

촉새는 그렇게 말하고는 공연히 사마천을 한 방 걸어찼다.

[28] 관중(?~B.C 645)은 춘추시대 제나라의 재상이다. 친구 사이의 '참된 우정'을 뜻하는 관포지교(管鮑之交)는 바로 관중과 포숙의 사귐에서 나온 말이다. 《사기》 열전 두 번째 편인 〈관안열전〉에는 관포지교 이야기와 창고가 차야 예절을 안다는 관중의 정치관이 배어 있다.

[29] 《사기》 〈육국연표〉에 나오는 사마천의 말이다.

[30] 동중서(?B.C 176~B.C 104)는 한나라의 유교 국교화를 이끌어 낸 유학자다. 그는 임금이 정치를 잘못하면 하늘이 재앙을 내린다는 천인감응설(天人感應說)을 주장했다. 사마천은 젊어서 동중서에게 글을 배웠는데, 오늘날 학자들은 그가 동중서의 영향을 받았는지의 여부를 놓고 설전을 벌이고 있다.

은밀한 말 속에 든 이치

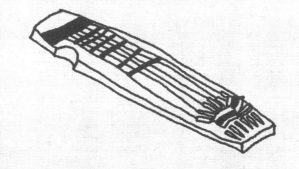

천도는 넓고도 넓다. 어찌 위대하다고 하지 않겠는가! 말도 은미
함 속에도 이치에 맞아서, 또한 이것으로써 일의 얽힌 것을 풀 수
있다.

-《사기》〈골계열전〉 중에서

추위가 뼛속까지 스며드는 아침이었다. 앉아 있기도 추워서 발을 동
동 구르며 서 있는 참에 조맹우가 오군졸을 불렀다.

"오군졸, 노래 한 가락 해 봐라. 추위도 잊어버릴 만한 멋진 노래
를 불러 봐."

오군졸이 머리를 긁적이다가 흠흠 소리를 내며 목을 풀었다.

"날이 추워서 목소리가 나올는지 모르겠어요."

"엄살은 집어치우고."

조맹우의 핀잔에 오군졸이 더 시간을 끌지 않고 바로 노래를 시
작했다.

큰 바람 몰아치니 구름이 날아오르고,

위엄을 천하에 떨치며 고향에 돌아왔도다.

어떡하면 용사를 얻어서 천하를 지킬 수 있을까?[31]

"한고조의 '대풍가'로군."

사마천이 말했다.

"맞아요. 사실 내가 제일 좋아하는 노래랍니다. 우리가 사막에 있었을 때 이 노래를 부르면 모두 눈물을 줄줄 흘리곤 했지요."

촉새가 끼어들었다.

"울긴 왜 울어. 재수 없게."

"비웃지 마세요. 촉새 형님이 사막을 아세요? 흉노족을 아세요? 사방이 똑같아 보이는 그 막막한 곳에서 간절히 바라는 건 그저 무사히 고향으로 돌아가는 것뿐이라고요. 위엄을 천하에 떨치며 돌아갈 것을 바라지도 않지만 그래도 용사가 있어서 오랑캐들을 다 무찔러 준다면 얼마나 좋을까 하는 생각은 안 할 수가 없단 말입니다."

"신경질 내기는. 누가 뭐랬나."

평소 순하게 지내는 오군졸이었지만 버럭 성을 내니 전장에서 뼈가 굵은 용사다웠다. 촉새는 센 척 말했지만 슬그머니 뒷심을 버리고 조맹우 뒤쪽으로 꽁무니를 뺐다.

"정말 좋은 노래였어."

촉새 때문에 가라앉은 분위기를 바꾸려는 듯 장대삼이 오군졸의 노래를 칭찬했다.

"거야 내가 워낙 노래를 잘 부르니까."

오군졸은 그새 기분이 풀렸는지 자화자찬을 했다.

"악기가 없어서 내가 연주를 못하는 게 한이지. 내가 한번 연주를 하면 귀신도 못 따른다니까."

사마천이 그 말에 생각나는 것이 있었다.

"귀신의 음악을 들은 적이 있소?"

"사막에서 깊은 밤에 밤하늘을 올려다보면 별들이 쏟아지는 걸볼 수 있어요. 그럴 때 하늘에서, 또 모래 깊은 곳에서 어떤 소리가 들리곤 하죠. 그것이 혹 귀신 소리였을지도 모르죠. 또는 천상의 소리였을지도."

"내게 떠오르는 이야기가 하나 있으니 들어들 보겠소?"

사람들은 뭘 그런 걸 물어보냐는 듯 사마천을 바라보았다. 할 일도 없는 추운 감방에서 옛날이야기는 최고의 유흥거리였다.

"춘추시대 위나라의 군주 영공이 진나로 가고 있던 때였소. 한밤중에 강가에서 나는 거문고 소리를 들은 것이오."

"귀신이 낸 소리였겠군요."

사마천이 고개를 끄덕였다.

"영공은 다음 날 그 소리를 들은 사람이 있는지 물어보았는데 아무도 들은 적이 없다고 하는 것이오. 영공은 음악을 담당하는 관리인 사연을 불렀소. 그러고는 자기가 들은 음악을 직접 연주하고 흉내 내 보게 하였소."

"귀신의 음악을 전수하다니 어째 불길합니다."

"영공은 진나라 군주인 평공을 만나 그 곡을 들려주고자 했소. 사연이 곡을 연주하기 시작하자 진나라 궁중 악사인 사광이 달려와 거문고 줄을 발로 밟아 버렸소. 당연히 연주는 끝나고 말았소."

"대단한 관리군요. 왜 그랬답니까?"

"평공이 묻자 사광은 그 곡은 망국의 곡이라 연주해서는 안 된다고 말했소. 그 곡은 주나라에게 멸망당한 상나라 악사가 지은 것으로 영공이 곡을 들은 자리가 바로 그 악사가 투신한 강가였던 것이오."

촉새가 투덜댔다.

"이봐. 날도 추운데 그런 무서운 이야기를 하는 저의가 뭐야?"

오군졸이 촉새를 달랬다.

"좀 더 들어 보죠. 재미있는데요."

"그 곡은 '미미지악'으로 그걸 들은 군주의 나라는 멸망한다는 것이었소."

"그럼 사광이라는 악사는 나라를 구한 셈이군요."

사마천이 고개를 저었다.

"아니오. 평공은 그 음악이 아주 마음에 든다고 끝까지 연주하게 했소. 그러고는 사광에게 미미지악보다 더 슬픈 곡이 있느냐고 물었소. 사광이 있다고 하자 평공은 연주하라고 명을 내렸소. 사광이 어쩔 수 없이 곡을 연주했는데, 연주가 시작되자 검은 학 28마리가 날아와 뜰에서 춤을 추었다고 하오."

"멋진 광경이었겠는데요? 그런 광경을 보았으면 거기서 멈추지 않았겠네요."

"그렇소. 평공은 더 슬픈 곡을 아느냐고 재차 물었고 사광은 그렇다고 대답했소."

"그건 어떤 곡이었나요?"

"황제 헌원씨가 귀신들을 불러들여서 만들었다고 하는데, 이것 역시 들으면 패망하게 된다는 곡이었소. 사광은 여러 번 만류했지만 평공이 끝까지 연주하라고 해서 결국 연주하게 되었소. 그러자 구름이 일어나고 큰 바람이 불며 비가 쏟아졌소. 궁궐의 기왓장이 날아갈 정도였소. 평공도 무서워 납작 엎드리고 말았소."

조맹우가 손뼉을 쳤다.

"그거 아주 잘됐군. 그런데 그것뿐이었나?"

"진나라는 이후에 3년 동안 가뭄이 들었소."

촉새가 빈정대며 말했다.

"그냥 옛날이야기지. 세상에 나보곤 황당한 이야기 한다고 뭐라

하더니만 당신 이야기가 더 황당하네그려."

촉새가 빈정댔다. 사마천이 말했다.

"사실 공자도 괴력난신(합리적인 이성으로 설명이 불가능한 존재나 현상을 뜻함)에 대해서는 말하지 않겠다고 했으니 귀신이 있는지 없는지야 알 수가 없고 나도 말하고 싶지 않소. 하지만 음악에는 신비한 힘이 있으니 그건 부인할 수 없는 것이라오."

장대삼이 물었다.

"으, 음악의 신비한 힘이라는 게 뭔가요?"

"사람은 맑게 태어나오. 하늘이 준 본성이 그러하오. 하지만 세상의 사물과 만나 영향을 받고 변화를 일으키게 되오. 세상의 사물이 다가오면 그것에 대해 알게 되고 그를 통해 좋아하고 싫어하는 감정을 가지게 되오. 좋아하고 싫어하는 감정을 절제하지 못하게 되면 자기 본성으로 돌아올 수 없게 되오. 이리하여 천성이 없어져 버리고 마는 것이오. 세상의 사물에 유혹되어 이끌려 가면 결국 그것에 동화되어 오로지 사욕만을 추구하는 사람이 되는 것이오. 그리하여 윗사람을 거스르고 어지럽히며 속일 생각을 가지게 되고, 사악하고 방탕해져 함부로 잘못을 저지르게 되오. 강대한 자가 약소한 자를 괴롭히고, 다수가 소수를 기만하고 총명한 사람이 순진한 사람을 속이며, 용맹한 사람은 겁 많은 사람을 겁박하고, 병든 사람이 치료받지 못하고 노인, 아이, 고아, 과부들이 도움을 받지 못하니 큰 난리의 근원이 여기에 있소."

"그, 그럼 음악이 그런 것을 고칠 수 있다는 말이오?"

"그렇소. 그래서 옛날 위대한 왕들은 음악을 제정하여 사람들이 욕망을 절제할 수 있게 한 것이오. 음악은 사람들의 마음을 화합하게 만들어 주오. 바로 우리들이 있는 이곳에서도 저 오군졸의 노래를 들으며 마음의 위안을 얻고 있는 것처럼 말이오. 공자는 예와 악을 중시했는데, 악은 천지만물의 조화이고, 예는 천지만물의 질서요."

촉새가 말했다.

"그래 봐야 다 허례허식이지. 무슨 놈의 음악으로 세상을 변하게 할 수 있나? 그저 듣고 즐거우면 그걸로 그만이지. 내일 무슨 일이 일어날지도 모르는 마당에 무슨 개풀 뜯어 먹는 소리를 하는 거야?"

"그것은 사물의 겉만 보고 하는 소리요. 음악이 그저 악기를 뜯고 불고 하는 것이라면야 그럴 수도 있겠지만 그건 음악의 겉모습일 뿐이오. 보고 즐기는 것이야 예쁜 무희들을 모아서 춤이나 추게 하면 그만일 것이오. 예라는 것도 그렇소. 제사상을 차리고 술과 과일, 각종 음식을 산처럼 쌓아 올린 뒤에 절을 하는 행동은 그저 예의 겉모습에 불과하오. 그 속에 깃든 정신을 이해하지 못한 채 그런 행동을 하는 건 아무 의미가 없소. 하지만 정신을 이해한다고 해도 그 수준이 낮으면 그것 또한 무슨 의미가 있겠소. 그래서 옛날 현명하고 위대한 왕들은 전문적인 기구를 두어 예와 악을 보급하게 했던 것이오."

"그런 게 다 허례허식이라고. 진시황이 분서갱유를 확실하게 해서 완전히 다 없애 버려야 했는데……."

"그게 무슨 말도 안 되는 소리요!"

늘 조용조용히 말하던 사마천이 처음 큰소리를 냈다.

"진나라의 형법은 가혹하기 이를 데 없었소. 그대가 진나라의 형법에 걸렸다면 혹독한 고문 끝에 벌써 몸과 사지가 따로 분리되었을 것이오. 그런 시대로 다시 가고 싶소?"

촉새도 그 말에는 할 말이 없었다. 감옥에 갇힌 신분으로 그 무시무시한 진시황의 치세를 칭찬한 것은 변명의 여지가 없었다.

감옥 분위기가 싸늘해지고 말았다. 사마천은 자기 자리에 앉아서 음악에 대해 나눈 이야기를 다시 곱씹어 보았다. 음악이 어떠한 것인지 알리는 것은 역사책이 할 일이 아닐 수도 있다. 하지만 음악에도 역사가 들어 있었다. 음악에 대해서 선현들이 이야기해 온 것들이 있고 그 음악이 어떻게 발전해 왔는지에 대해서도 역사책이라면 알려 줄 의무가 있는 셈이었다.

"하지만 그걸 어디에다 적지?"

사마천은 저도 모르게 혼잣말을 했다. 음악에 관한 역사는 제왕들의 행적을 적는 본기에 들어갈 수 없고, 열전에 넣을 수도 없었다. 음악에 기여한 사람들의 이야기로 각각의 열전에 넣을 수도 있지만 그렇게 해서는 음악에 대해서 일목요연하게 보여 줄 방법이 없었다.

겨울 감방은 갈수록 추워지고 사마천의 고민도 같이 깊어졌다.

"아 씨, 분위기가 왜 이 모양이야."

조맹우가 짜증스럽게 말했다.

"태사령 나리, 분위기 책임지고 뭐 좀 재밌는 이야기를 해 보라고."

조맹우의 말에 사마천은 강제로 고민에서 빠져나와야 했다.

"얼렁!"

"흠, 그럼 이야기 하나를 해 보겠소. 전국시대 초나라 장왕에게는 매우 사랑하는 말이 한 마리 있었소. 말을 얼마나 아꼈는지 비단 옷을 지어서 입히고 마구간도 아주 화려하게 꾸며 주었을 정도였소. 말을 위한 침대가 따로 있었고 먹이로는 대추와 마른 고기가 제공되었소."

"말은 풀을 먹는 동물 아니었나? 고기를 먹었다고?"

"그렇소. 말이 이런 걸 먹으니 오래 살 리가 없었을 것이오. 말은 점점 살이 찌더니 얼마 안 가 죽고 말았소. 장왕은 애통해하며 말을 대부의 예에 따라 장사 지내라고 명했소."

"뭐? 말을?"

"관도 속널, 바깥널 다 만들라고 했소. 당연히 신하들이 반대하여 상소를 올렸소. 그러자 장왕은 노발대발해서 애마의 장례에 대해 반대하는 자는 죽음으로 다스리겠다고 엄명을 내렸소. 그 명이 내려지자 우맹이라는 악사가 입궐을 했소."

"귀신 나오는 곡이라도 연주했나?"

"우맹은 입궐하자 대성통곡을 했소. 장왕이 이상하게 여겨 왜 우느냐고 물었소. 우맹은 애마의 죽음을 애도하고 있다고 말하였소."

"미친놈이 왕 하나가 아니었던 모양이군."

"우맹은 임금님이 애마의 죽음에 박해서 우는 것이라고 말했소. 대부의 예가 아니라 임금의 예로 장례를 치러야 한다고 말한 것이오."

"어이쿠, 한술 더 미친 인간이었군."

"우맹은 '옥을 다듬어 속널을 삼고, 멋진 가래나무로 바깥널을 만드십시오. 단풍나무, 느릅나무, 녹나무로 횡대를 만들고 군사를 동원하여 무덤을 파십시오. 노약자를 부려 봉분을 쌓아 올리고 제나라와 조나라의 대표를 앞에 모시고 한나라와 위나라의 대표를 뒤에서 호위케 하십시오. 사당을 세우고 소, 양, 돼지를 바치는 최고의 제사인 태뢰를 지낸 뒤 많은 사람들을 내려 사당을 받들도록 하십시오.'라고 말했소."

"정말 미쳐도 단단히 미쳤군그래."

"장왕도 그렇게 생각했소. 하지만 이미 대부의 예로 장례를 치르라고 말한 탓에 반박도 못하고 식은땀만 흘리고 있었소. 그러자 우맹이 '이렇게 장사를 지내어 제후들이 그 이야기를 들으면, 그때 제후들도 모두 대왕의 뜻을 알 것입니다.'라고 말했소."

오군졸이 물었다.

"장왕의 뜻을 알 거라고요? 거기에 무슨 뜻이 있었어요?"

"우맹이 '대왕이 사람을 천하게 여기고 말을 귀하게 여긴다는 것을 알게 될 것입니다.'라고 말했소. 이 말을 듣자 장왕은 자신이 잘못한 것을 분명히 알 수 있었소. 나라를 지키는 것도, 발전시키는 것도 모두 사람인데 죽은 말을 위해서 산 사람을 박대했다는 것을 알게 된 것이오. 장왕은 당황해서 이제 어찌 해야 하느냐고 물었소."

썰렁했던 감방 안의 분위기는 그새 사라지고 사람들은 모두 사마천의 입만 바라보고 있었다.

"우맹은 말을 가축으로 장사 지내라고 말했소."

조맹우가 물었다.

"가축으로 장사 지낸다는 게 뭐야?"

사마천은 우맹처럼 대답했다.

"바깥널은 부뚜막으로 삼고, 속널은 가마솥으로 삼습니다. 수의로는 생강과 대추를 입히고 향료를 넣어서 쌀로 제사를 지내고, 불꽃으로 옷을 입혀서 사람의 창자 속에 장사 지내는 것이옵니다."

"그것참 통쾌한 인물이군!"

조맹우가 껄껄껄 웃었다.

"어리석은 군주를 우스갯소리로 깨우칠 줄 알았으니 우맹이야말로 현인 중의 현인이라 할 수 있겠네요."

오군졸도 한마디 거들었다.

"재밌군, 어디 하나 더 해 보지그래."

사마천은 또 다른 일화도 이야기해 주었다.

"진시황 때 난쟁이 광대 우전이 있었소. 하루는 진시황이 비 오는 날 잔치를 열었소. 진시황의 경호 병사들은 비를 맞으며 호위하느라 덜덜 떨고 서 있었소. 우전은 그들에게 다가가 쉬고 싶냐고 물었소."

"당연히 쉬고 싶었겠지."

"그래서 우전은 자기가 병사들을 부르면 힘차게 '예!'라고 외치라고 했소. 그렇게만 하면 쉴 수 있게 될 거라고 말해 주었소."

"호, 뭔가 기발한 방법이 있었던 모양이네."

"우전은 진시황이 나타나자 병사들을 불렀소. 병사들은 약속대로 힘차게 대답했소. 그러자 우전이 말했소. '너희들은 허우대가 멀쩡하구나. 나는 조그만 난쟁이인 것을. 하지만 뭐 어떠랴. 너희는 그 멀쩡한 허우대로 비를 쫄딱 맞고 서 있지만 나는 이 조그만 몸뚱이로 편히 쉬고 있지 않더냐.' 진시황은 그 말에 병사들을 돌아보게 되었소. 진시황은 병사들을 절반씩 교대하라고 명했고, 병사들은 우전 덕분에 쉴 수 있게 되었소."

"흥! 그건 좋은 일이긴 하지만 재미있는 이야기는 아닌걸."

"우전이 한 일에는 또 다른 것도 있소. 진시황이 정원을 크게 넓혀 여러 짐승을 기르려고 한 적이 있었소."

"황제니까 그럴 수도 있겠지."

"하지만 그 크기가 엄청나서 한번 공사를 시작하면 백성들의 고생이 이만저만이 아니게 될 상황이었소. 그런데도 신하들은 진시황의 비위만 맞추느라 누구도 만류하는 상소를 올리지 못하였소."

조맹우가 눈썹을 꿈틀거리며 말했다.

"하여간 대신들이란 게 다 그 모양이지."

"유일하게 우전이 나가서 말했소."

"뭐라고 했나?"

"우전은 이제 진나라는 아무 걱정이 없을 거라고 좋다고 말했소."

조맹우가 짜증스럽게 말했다.

"좋긴 뭐가 좋다는 거야? 정원을 못 짓게 말리는 줄 알았더니 그냥 아부를 했단 말이야?"

"진시황도 뭐가 좋다는 거냐고 물었소. 우전이 대답했소. '큰 정원을 만들면 그 안에 많은 짐승을 풀어 놓으실 거 아닙니까?' 진시황이 그렇다고 대답하자 우전이 웃으며 말했소. '그러니 이제 적군이 쳐들어오면 사슴과 고라니가 그 뿔로 적들을 무찌를 거 아닙니까? 우리나라에는 근심 걱정이 없을 수밖에요.'라고."

"뭐? 하하하, 그놈 참 웃기는 놈일세."

"우전은 광대였지만 군주를 설득해서 재앙을 방지할 수 있었소.

우전은 진나라 2세 황제였던 호해도 설득한 적이 있었소."

그 말에 촉새가 아는 척하며 끼어들었다.

"호해라면 난폭한 바보, 아니던가? 말하고 사슴도 구분할 줄 몰라서 환관에게 놀림받았던 한심한 인간이었지."

"맞소. 그런 식견이 좁고 멍청한 인간도 우스갯소리를 통해서 바른길로 인도할 수 있었으니 참으로 대단한 사람이라 할 수 있겠소."

사마천은 가볍게 한숨을 내쉬었다.

"그런 재주는 아무나 갖는 것이 아니요. 나도 우전처럼 말할 줄 알았다면 이곳에 갇힌 몸이 되지 않았을 것이오."

촉새가 낄낄댔다.

"그런 걸 다 알고 있으면서도 그렇게 행동하지 못했단 이야기구면. 한심하네, 한심해."

"마, 말씀이 심합니다."

장대삼이 촉새의 말에 토를 달았다. 촉새가 바로 주먹을 들어 올렸다.

"이 말더듬이 자식이 어디서 감히 끼어들어? 죽을래?"

장대삼은 덩치에 어울리지 않게 움찔 몸을 움츠렸다.

"촉새, 시끄럽다. 이야기 잘 듣고 왜 그러냐."

뜻밖에도 조맹우가 촉새를 말렸다. 촉새는 불만스러운 표정이었지만 그만 포기하고 자기 자리로 돌아갔다.

장대삼이 사마천에게 말했다.

"너, 너무 심려하지 마세요. 자, 잘 안다고 다 잘 해낼 수는 없는 겁니다."

맞는 말이었다. 사마천은 길게 한숨을 내쉬었다. 감옥에 와서 느는 건 한숨 쉬는 재주뿐인 것 같았다.

세상의 이치는 다양해서 우스갯소리만 가지고 이치를 설명할 수는 없는 것이고, 사실 제대로 된 군주라면 우스갯소리로 깨우칠 필요도 없는 것이었다. 공자가 대의를 밝히기 위해 쓴 《춘추》는 재미있는 책과는 거리가 멀었다. 하지만 그렇다고 해서 《춘추》가 잘못된 책이라고 할 수 없는 것이다.

평생 역사를 공부하고 세상의 온갖 이야기를 모아 왔는데 왜 지금 이 순간 자신은 감옥에 있는 것일까? 이 자리를 피할 수는 없었던 것일까?

사마천은 고개를 흔들었다. 도무지 알 수가 없었다. 자신의 처지를 이해할 수가 없었다.

[31] 《사기》〈고조본기〉에 수록된 한고조 유방이 부른 노래로 천하를 통일한 뒤 고향을 방문했을 때 불렀다. 〈고조본기〉는 《사기》 130편 중 가장 뛰어나고 중요한 문장의 하나로 꼽히며, 유방의 일생과 그가 이룩한 업적을 집중적으로 소개하고 있다.

나라의 안정은
도덕의 힘에
있는 것

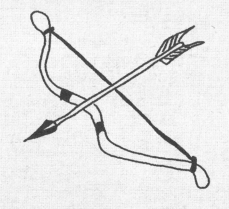

대저 예의란 사건이 벌어지기 이전에 그것을 막는 것이고, 법률이
란 사건이 발생한 후에 거기에 적용하는 것입니다.

-《사기》〈태사공자서〉 중에서

코끝이 떨어져 나갈 것처럼 추운 아침이었다. 하루에 두 번 들어오는
식사도 돌덩이처럼 굳은 만두 하나뿐이었다. 사마천은 아내가 형편
이 좋지 않은 모양이라고 생각했다. 겨울이 깊어지니 변변한 일거리
도 없을 것이고, 그러니 사식도 넣어 주지 못하고 있는 것이다.

"아, 빌어먹게 춥네!"

촉새가 투덜댔다. 하지만 촉새가 입고 있는 옷은 그나마 따뜻한
새 옷이었다. 사마천에게 온 것을 빼앗아 입고 있었으니.

"제, 제가 좀 궁금한 게 있는데 물어봐도 되나요?"

장대삼이 사마천에게 물었다.

"뭔지 말해 보시오."

"어, 어제 분서갱유라는 말을 했는데, 그게 정말인가요? 진짜 유학자들을 산 채로 묻어 버렸나요?"

분서갱유는 진시황이 서책들을 불태우고 유교를 가르치는 학자들을 산 채로 묻은 사건을 가리키는 말이었다.

"진나라가 천하를 통일한 뒤 순우월이라는 박사가 상나라와 주나라를 본받아 자제와 공신들을 분봉하여 제후국으로 삼아서 진시황을 옆에서 돕게 해야 한다고 주장했소. 권신이 나타나 반역을 꾀할 때 충성스러운 제후국이 없다면 누가 도와줄 수 있겠느냐고 했소."

"그, 그거야 당연한 이야기 아닌가요?"

"그런데 승상 이사[32]는 생각이 달랐소. 이사는 이렇게 이야기했소. '하나라, 상나라, 주나라의 삼대가 각자의 방법으로 천하를 다스렸는데 그것은 시대가 달랐기 때문입니다. 폐하께서는 대업을 창시하여 만세의 공덕을 세웠으니, 진실로 어리석은 유생들은 이해할 수 없는 것입니다. 하물며 순우월이 말한 것은 삼대의 일이니 어찌 본받을 만한 것이겠습니까? 전에는 제후들이 서로 다투었으므로 높은 관직과 후한 봉록으로 떠돌이 선비들을 초청하여 두었습니다. 이제 천하가 안정되어 법령이 통일되었고, 백성들은 집에서 농공에 힘쓰고, 선비들은 법령과 형법을 학습하고 있는데 유독 유생들은 지금의 것을 배우지 않고 옛것만을 고집하고 당세를 비난하며 백성들을 미혹하고 있습니다.' 이사는 이렇게 유가를 비난하였소."

6

나라의 안정은
도덕의 힘에
있는 것

"이, 이사의 위세가 대단했네요."

"그렇소. 이사는 모든 법은 황제가 결정하게 되어 있는데 감히 유생들이 스스로 공부한 것을 가지고 지엄한 황제의 법에 대해서 왈가왈부하고 있으니 이것을 금지해야 한다고 주장했소. 그는 《시경》과 《상서》를 모두 태워 버리고 이에 대해서 이야기하는 자도 사형시키고 이런 자들을 보고도 모른 척하는 관리도 모두 처형하라고 주장했소. 의약과 점복, 농사에 관련된 책 이외의 것은 모두 불태우게 만들었소."

촉새가 끼어들었다.

"그건 생매장하고는 다른 거 아니야?"

"그다음 해에 후생이라는 도사가 진시황은 형벌과 살육으로 천하를 통치하고 있다고 비난한 일이 있었소. 진시황은 크게 노해서 이미 비방하는 자를 처형하라고 했는데도 아직도 그런 일이 있다면서 철저히 조사하게 하였소. 그 결과 도사와 유생 460명이 생매장당하고 말았소. 진시황의 큰아들 부소는 공자를 따르며 《시경》과 《상서》를 읽는 유생들을 박해하는 것을 그만두라고 진언하였다가 노염을 사서 북방으로 쫓겨나고 말았소."

장대삼이 물었다.

"그, 그럼 그때 유가의 경전들은 모두 없어져 버렸나요? 지, 지금 남아 있는 것들은 뭔가요?"

"그때 유가의 경전들이 거의 다 없어졌소. 하지만 경전을 숨겨서 보관한 사람들이 아주 없었던 것은 아니요. 진나라의 박사였던 복생은 벽 안에다가《상서》를 숨겨 놓았소. 이처럼 경전들을 몰래 가지고 있던 사람들이 있고, 경전을 암송하고 있던 사람들도 있어서 다행히 모두 사라지지는 않았소."

장대삼이 고개를 끄덕였다.

"고, 고맙습니다. 자, 잘 알게 되었습니다."

촉새가 키득거리며 말했다.

"진나라는 법가가 다스리던 나라라 유가를 싫어했던 거지. 그런데 오늘날에는 유가만 대접을 받으니 참 희한한 일이야. 이래서 세상만사 알 수가 없다는 거지."

사마천이 말했다.

"그건 유가만이 왕도를 밝히고 있기 때문이오."

"왕도란 뭔데?"

"왕도란 덕으로 천하를 다스리는 것이오."

촉새가 비웃음을 머금었다.

"덕으로 천하를 다스리다니 세상천지에 그런 제왕이 어디 있나?"

"우리 한나라의 5대 황제이신 한문제가 그런 제왕이었소."

"뭐? 그런 제왕이 있었다고?"

나라의 안정은 덕의 힘에 있는 것 6

"이런 일이 있었소. 한문제 때 경치를 관람하기 위해 드높은 누대를 만들고자 하였는데, 건설 비용이 황금 100근이라 하였소. 한문제는 '황금 100근이면 민가 10채의 재산과 맞먹는 것인데 그런 엄청난 비용을 들여 누대를 지어서 무엇하겠는가.'라고 말하고 그만두었소. 항상 검소하게 생활하였으며 사방의 오랑캐도 덕으로 다스렸소. 남월왕 위타[33]가 감히 황제를 칭했을 때도 징벌하지 않고 오히려 그 배은망덕을 은혜로 다스렸고 그 결과 위타는 황제 칭호를 버리고 자신을 신하라 칭하게 되었소."

"그것참 대단하군요!"

오군졸이 감탄했다. 전쟁터를 다녀온 오군졸은 다른 나라와 싸우지 않고 평화롭게 문제를 해결했다는 사실에 감명받은 모양이었다.

"이런 일도 있었소. 제후국 왕이 몸이 아프다고 거짓 핑계를 대고 상경하지 않았는데도 한문제는 책망은커녕 탁자와 지팡이를 내려보내 상경하지 않아도 된다고 해 주었소. 가혹한 형벌들을 폐지하였고 연좌제로 벌을 주는 일도 금지하였소. 이렇게 덕으로 천하를 통치하여 천하의 인구가 늘어나고 부유해졌으며 예의범절이 널리 퍼지게 되었소."

촉새가 말했다.

"그때 태어났으면 여기 사람 중 절반은 무사했겠군그래. 빌어먹을 세상 같으니라고, 확 뒤집어졌으면 좋겠구먼."

촉새가 사마천을 노려보면서 말을 덧붙였다.

"한번 태사령 나리가 대답해 보시지. '침명법'을 어찌 생각하는지?"

침명법은 한무제가 새로 만든 법이었다. 도적떼가 나타났을 때 관리들이 이를 적발하지 못하거나, 적발한 후에 체포한 수가 규정에 미치지 못하면 고관부터 말단 관리까지 모두 사형에 처한다는 것이 침명법의 내용이었다.

이런 법률이 제정되었으니 죽기 싫어서 관리들이 열심히 도적 토벌에 나섰을까? 아니다. 현실은 그렇지 않았다. 침명법에 따르면 도적떼가 나타나야 이 법이 발동하게 되는 것이고, 도적떼가 나타났다는 것은 조정에 보고를 해야 조정이 알 수 있는 것이다. 따라서 관리들은 도적떼가 나타나도 보고를 하지 않았다. 아무 일도 일어나지 않으면 처벌도 할 수 없는 것이다.

설령 하급 관청에서 도적에 대한 보고를 해도 상급 관청에서 폐기시켜 버렸다. 자칫하면 목숨이 달아날 일을 굳이 알릴 필요가 없었던 것이다. 이리하여 도적들은 더욱 늘어나기만 했다.

"악법이요. 그런 걸 뭘 말할 필요가 있겠소."

촉새는 사마천의 말에 좀 놀란 표정이 되었다.

"허, 그렇게 순순히 인정할 줄은 몰랐는데?"

촉새는 더 말하지 않고 입을 다물었다. 사마천에 대한 생각이 조금은 바뀐 모양이었다. 사마천은 누구에게랄 것 없이 혼잣말처럼 중얼거렸다.

"공자는 이렇게 말한 적이 있소. '법으로 이끌고 형벌로 다스릴 때 백성들은 무슨 일을 저질러도 부끄러워하지 않는다. 오로지 덕으로 이끌고 예로써 다스릴 때 백성들은 비로소 부끄러움을 알고 바른 길을 가게 된다.' 어디 공자뿐이겠소. 노자[34]도 이런 말을 했소. '법령이 밝게 정비될수록 도둑은 많아진다.'라고 말이오."

장대삼이 말했다.

"하, 한나라도 처음에는 법령이 복잡하지 않았다고 들었는데 그, 그렇습니까?"

"그렇소. 한나라가 일어섰을 때 한고조는 가혹함을 버리고 관대함을 시행하였소. 배를 삼킬 만큼 큰 고기도 빠져나갈 수 있을 정도로 법망을 너그러이 하였더니 관리의 치적은 오히려 훌륭하여 실수를 범하지 않았고, 백성들도 태평 안락하였소. 나라의 안정은 도덕의 힘에 있는 것이지 냉혹한 법령에 있는 것이 아니요."

"그, 그것참 마, 맞는 말입니다."

장대삼은 그러더니 주르르 눈물을 흘렸다. 뭔가 사연이 있는 모양이었는데, 말을 하지 않으니 알 도리가 없었다.

조맹우가 끙 소리를 내며 뒤돌아 눕더니 벽에다 대고 한마디 던졌다.

"판관 나리 나셨네. 그런 이야기는 이 안에 들어오면 다 하는 법이야."

조맹우가 한마디 했으니 촉새가 얼른 동조할 법도 한데 촉새는 아무 말도 하지 않았다.

그때 오군졸이 사마천에게 말을 걸었다.

"태사령은 곽거병을 어찌 보시나요?"

사마천이 말하기 전에 조맹우가 먼저 대답했다.

"곽거병이라면 흉노를 정벌한 표기장군(군대를 이끄는 장군) 아니던가? 천하 명장이잖아. 젊은 나이에 세상을 떠나 더욱 아까운 장군이지. 사실 곽거병만한 장군이 있었다면 이릉도 그렇게 패하지 않았을 거고, 그러면 여기 태사령 나리도 이런 곳에서 죽을 날만 기다리지도 않았을 거야."

"흥, 군사들을 갈아 넣어서 얻은 명성이죠."

"아니, 그게 무슨 소리야? 곽거병이 명장이 아니란 말인가?"

"명장이긴 명장이겠죠. 나갈 때마다 승리했으니까. 하지만 인간이 돼먹지 않았단 말이에요."

촉새가 그때서야 입을 열었다.

"그러고 보니 오군졸은 흉노 전쟁에 대해서는 늘 말을 아꼈는데, 어디 한번 이야기를 좀 해 봐."

"이야기할 것도 없어요."

오군졸이 손사래를 치자 조맹우가 말했다.

"뭐, 가까이서 보고 들은 사람은 뭔가 다른 이야기를 알고 있을 지도 모르지만 곽거병은 참으로 흠잡을 게 없는 사람이 아니던가? 황제가 손자병법을 가르치려고 하자 이런 말을 했다지. '어떤 전략을 쓸 것인가 생각하면 그만입니다. 고대의 병법을 배울 것까지는 없습니다.' 참으로 멋진 말 아닌가? 옛날 일은 오늘 일과 다르니 병법이라고 한들 고대의 것을 굳이 배울 필요가 뭐 있겠냔 말이다. 황제가 멋진 저택을 지어 하사했는데도 흉노가 멸망하지 않았으니 필요 없다며 거절했다지. 그야말로 사내대장부 아니겠나."

조맹우가 말하는 동안 오군졸의 얼굴이 서서히 달아올랐다.

"곽거병은 천운이 좋아 패하지 않았을 뿐, 무모한 작전을 펼쳐 적진 깊숙이 들어가기를 일삼았소. 병사들을 아낄 줄 모르니 그 밑에 있으면 고생만 할 뿐 무슨 좋은 일이 있었겠소."

"에이, 그래도 그건 너무 야박한 이야기지. 곽거병이 병사들만 적진에 내몰고 자기는 뒤에서 지휘만 한 건 아니잖아."

오군졸도 그건 인정했다.

"애초에 곽거병에게는 정예병들이 주어졌소. 가장 날랜 기병들과 함께 곽거병도 적진에 뛰어드는 걸 좋아한 건 사실이오. 하지만 곽거병이 용감하다고 그가 훌륭한 사람인 건 아니란 말이오."

"뭐, 이러니저러니 해 봐야 전쟁터에서는 이기는 게 장땡이잖아.

곽거병 덕분에 흉노를 무찔러 한고조 이래의 숙원을 풀었으니 이 얼마나 멋진 일인가."

"흥, 그 작자는 원래 황실의 친척이고 전공을 세워서 벼락 승진을 한 덕분에 사병들을 전혀 아낄 줄 모르는 사람이 되었어요. 출정에 나갈 때면 황제 폐하가 수십 대의 수레에 먹을 것을 보내 주지만 남아돌아서 썩을지언정 말단 병사들에게는 국물도 돌아오지 않았죠. 굶주린 병사들이 움직이지도 못하고 신음하고 있는데도 그 옆에서 공차기를 하며 놀던 인간이 바로 곽거병이라고요."

사마천이 깜짝 놀라 물었다.

"그게 정말이오?"

"물론이죠. 바로 그렇게 쓰러져 있던 인간이 바로 이 몸이니까."

사마천의 목소리가 높아졌다.

"이릉의 조부였던 비장군(행동이 날랜 장군) 이광은 물과 식량이 부족할 때면 사졸들이 물을 다 마실 때까지 물을 마시지 않았고 사졸들이 다 먹은 뒤에야 식사를 했소. 이렇게 관해한 탓에 사졸들은 모두 그를 경애하고 그를 위해 일하는 것을 즐거워했소."

오군졸이 한숨을 내쉬며 말했다.

"아, 나라도 그런 장군 밑에 있었다면 그랬을 겁니다."

"하지만 이 장군은 예순이 넘어서도 자청하여 종군하다가 위청과 사소한 시비로 인해 심문을 받게 되자 분개하여 자결하고 말았

나라의 안정은 도덕의 힘에 있는 것

6

소. 그 소식을 듣고 눈물을 흘리지 않은 사람이 없었소."

사마천이 계속 말을 이어 나갔다.

"그뿐이겠소. 이광의 아들 이감을 아시오?"

"아, 알고 있습니다. 곽거병과 함께 출전했었죠. 그런데 어이없게도 사슴에 받쳐 죽었다고 하던데……."

"그렇게 이야기하라 했으니까 그렇게들 알고 있는 것이오. 이감은 곽거병에 의해 살해됐다오."

"아니, 왜요? 이감은 아주 뛰어난 장군이었는데!"

"이감은 이광이 자결했을 때 군에 있었소. 위청이 아버지를 미워해서 죽음에 이르게 했다는 것을 알고 위청과 싸움이 났소. 이때 위청이 이감한테 부상을 입었소. 그 때문에 위청의 친척인 곽거병이 위청을 대신해서 몰래 활을 쏘아 이감을 죽인 것이라오. 곽거병은 폐하가 총애하는 장군이었기에 이 사실은 은폐되고 말았소."

오군졸은 입을 딱 벌리고 아무 말도 하지 못했다. 한참 지나 오군졸이 물었다.

"나는 때로 이런 게 알고 싶었어요."

"무엇 말이오?"

"우리가 싸우러 간 건 잘한 일이었나요? 대체 흉노족과 우리는 왜 싸우는 거죠?"

"북방의 유목족과 싸워 온 것은 그 역사가 아주 긴 일이라오. 그들은 목축을 하고 우리는 농사를 지으니 애초에 서로 다른 길을 걷고 있으며, 서로 충돌하지 않을 수 없소. 전국시대에는 조나라 장군 이목이 흉노를 막았으며 진나라 때는 흉노를 막기 위해 만리장성을 쌓았소. 흉노는 묵돌[35] 선우 때 강성해졌소."

사마천은 묵돌 선우에 대한 이야기를 해 주었다.

묵돌은 두만 선우의 태자였다. 두만 선우는 총애하는 연지(흉노의 왕비)에게서 아들을 보자 태자를 바꾸려고 했다. 태자를 월지국에 인질로 보낸 뒤에 일부러 월지국[36]을 공격했다. 월지국에서 인질을 죽여 버리기를 바랐던 것이다. 하지만 묵돌은 탈출에 성공했다. 두만은 죽여 버리려 했던 아들이었지만 용감함을 높이 사서 기병 장군에 임명했다.

묵돌은 부하들을 훈련시키기 시작했는데 소리가 나는 화살인 명적을 이용했다.

"내가 명적을 날린 곳에 너희도 사격을 한다. 쏘지 않는 자는 죽일 것이다."

이후 묵돌은 명적을 날린 곳에 화살을 쏘지 않는 부하는 가차 없이 죽여 버렸다. 한번은 명적을 자신의 애마에게 쏘아 보냈다. 부하 중에 몇은 묵돌이 그 말을 얼마나 아끼는지 잘 알고 있어서 차마 쏘지 못했다. 그러자 묵돌은 그들을 죽여 버렸다. 그 다음에 묵돌은 자신의 사랑하는 아내에게 쏘았다. 이번에도 차마 활을 쏘지 못한 부하가 있었다. 묵돌은 그들도 남김없이 죽였다.

아버지 두만과 사냥을 나간 묵돌은 명적을 아버지에게 날렸다. 부하들은 주저 없이 활을 쏘아 두만을 죽여 버렸다. 묵돌은 그 길로 계모와 이복동생까지 모두 죽이고 선우의 자리에 올랐다.

묵돌이 선우가 되었을 때 이웃에는 강성한 동호가 있었다. 동호에서는 묵돌에게 사신을 보내 천리마를 달라고 했다. 묵돌이 신하들에게 의견을 물었다.

"천리마는 우리 흉노의 보배입니다. 주지 마십시오."

"이웃 국가끼리 어찌 말 한 마리를 아낀단 말이냐?"

묵돌은 천리마를 보냈다. 그러자 동호의 왕은 흉노가 무서워 떨고 있다고 생각하고는 그다음에는 흉노의 연지 중 한 명을 달라고 했다.

신하들은 분개했지만 묵돌은 이번에도 양보했다.

그러자 동호는 더욱 교만해져서 동호와 흉노 사이의 황무지 1천 리를 자기들 땅으로 삼게 해 달라고 했다.

묵돌이 신하들 의견을 묻자 신하들은 그까짓 황무지는 있어도 그만, 없어도 그만이라고 주든 말든 뜻대로 하시라고 했다. 묵돌은 이번에도 신하들과 의견이 달랐다.

"땅은 나라의 근본이다. 어찌 내줄 수 있단 말이냐!"

미적지근한 말을 한 신하들을 참수해 버리고 즉각 전쟁을 선포했다. 동호는 그동안 흉노를 업신여기고 있어서 대비가 없었다. 흉노가 침입하자 막을 방법이 없었다. 묵돌은 동호의 왕을 죽였다. 묵돌은 이후 월지, 누번 등의 국가를 모두 무찔렀다. 중국 북부의 땅도 빼앗아 진나라 때 잃었던 영토도 모두 회복했다.

그 후에도 북방의 여러 나라를 무찔렀는데, 이 무렵 중국은 한나라로 통일되었다. 흉노는 한나라로 침공했다. 한고조가 직접 이들을 막기 위해 출정했다. 묵돌은 일부러 진 척하면서 한나라 군을 계속 유인했다. 그리고 한고조가 고립되자 40만 대군으로 포위해 버렸다. 한고조는 흉노의 연지에게 뇌물을 바치고 군사를 물려 달라 청하게 해서 간신히 탈출할 수 있었다. 이후에 흉노와 화친을 맺었다.

하지만 흉노는 걸핏하면 중원을 침공했고 그때마다 한나라는 흉노를 달래야 했다. 이 화친 정책은 위기를 겪기도 했지만 한무제 때까지 지속되었다.

이야기를 다 들은 뒤 오군졸이 물었다.

"그럼 황제 폐하가 즉위한 다음에 문제가 생겼단 말인가요?"

"그렇소. 흉노 선우는 우리나라와 친해졌다고 생각해서 장성 밑까지 종종 오곤 했소. 이걸 노려서 선우를 없앨 계획을 세웠소."

"대체 그게 누구의 뜻이란 말이오?"

6

해독하라

홍덕왕릉비

있는 것

"그건 황제 폐하의 뜻이었소."

"젠장!"

"당시 마읍성의 호족 하나가 흉노 선우를 유인할 수 있다고 말했고 마읍성을 넘겨주는 척해서 선우를 유인한 다음 해치우자고 제안했고 폐하는 그것을 받아들였소. 30만 대군을 보내 선우를 붙잡을 계획을 세웠지만 선우가 눈치채는 바람에 실패로 돌아갔소. 이 사건이 있은 지 5년 후에 위청 대장군이 첫 출전을 하게 되는 것이오."

"아, 그렇게 해서 이 길고 긴 전쟁이 시작된 거였소?"

오군졸이 한숨을 내쉬었다.

"태사령에게 부탁이 있습니다!"

오군졸은 갑자기 사마천에게 큰절을 올렸다.

"아니, 갑자기 왜 이러시오."

"곽거병에 대한 이야기, 흉노와 전쟁이 벌어진 시말, 이 모든 것을 꼭 기록에 남겨 후세에 전해 주세요. 부탁합니다."

"그, 그것은……."

"나는 이 감옥에서 살아 나갈지 죽어 나갈지 알 수 없습니다. 하지만 나가게 된다면 나는 태사령의 먹을 갈고 신발을 준비하는 노비가 되어 그대를 섬기겠습니다."

오군졸의 눈에서 눈물이 흘렀다.

"저 먼 사막에서 참으로 많은 사람이 죽었습니다. 하지만 무슨 일이 일어났는지 아는 사람은 거의 없어요. 불행히도 나는 글자도 모르고 이야기하는 재주도 없어요. 하지만 내가 알고 있는 이 이야기를 그냥 묻어 두고 갈 수는 없어요. 아마 하늘이 있어 내 소원을 들어주고자 태사령을 만나게 해 준 것이 아닌가 싶습니다."

"그런데 오군졸은 대체 왜 여기에 잡혀 온 것이오?"

"지금 와서 뭘 숨기겠습니까? 전 이연년의 제자였습니다."

사마천은 깜짝 놀랐다. 이연년은 노래의 대가였다. 이연년의 노래는 유명해서 한무제가 불러들여 벼슬을 내렸다. 이연년의 누이는 춤을 잘 추어서 한무제의 눈에 들어 후궁이 되었다. 한무제의 총애가 깊었지만 일찍 죽고 말았다. 그렇게 된 후에 이연년에 대한 총애도 식었고, 이연년이 궁녀와 사통했다는 죄를 물어 처형하고 말았다.

"그럼 이연년이 처형되면서 감옥에 갇힌 것이오?"

"네, 그렇습니다. 궁녀 사통을 제가 도왔다는 죄목이었지요. 하지만 이건 사실이 아닙니다. 이연년은 궁형을 받아서 사통할 수 없는 몸이었으니까요."

궁형은 생식기를 자르는 형벌이다. 당연히 궁녀와 사통을 할 수 없는 몸인 것이다. 말이 안 되는 일이 황제의 뜻이라서 사실처럼 되어 버린 것이다. 사마천만 억울하게 감옥에 있는 것이 아니었다. 촉새는 잘못을 저지르긴 했지만 불공정한 재판을 받아서 감옥에 있는 것이고, 조맹우는 누명을, 오군졸은 권력의 장난에 희생된 셈이다. 장대삼은 또 어떤 억울한 사연을 가지고 있을지…….

한나라는 그동안 훌륭한 길을 걸어왔지만 무제의 치세 이후 점점 위태로워지고 있었다. 사방에 벌인 정복 전쟁의 결과 국가의 부는 빠르게 소진되고, 그 때문에 백성들은 대단히 빈궁하게 되어, 마침내 교묘한 방법으로 조정의 법령을 피해 나가자 나라의 재정은 날이 갈수록 어려워졌다. 조정에 재물을 바치는 사람은 관리도 될 수 있었고 죄를 면할 수도 있게 되어, 관리를 선발하는 제도가 유명무실해졌다. 염치는 아랑곳하지 않고 힘 있는 사람에게 붙으면 등용될 수 있었다. 재물을 모아 부자가 되려는 신하가 이때부터 출현했다.

옛일을 밝히는 것도 중요하지만 현재의 일을 밝히는 것도 중요하다. 누가 이 일을 할 수 있을 것인가? 이런 생각에 사마천의 마음은 더욱더 무거워질 수밖에 없었다.

[32] 이사(?~B.C 208)는 진나라의 승상으로 법가였다. 법가 이외의 책을 불태우고 유생들을 죽이는 분서갱유를 행한 인물이다. 진나라 2세 황제 때 내시 조고에 의해 처형당했다.

[33] 본명은 조타(?~B.C 137)로 본래 진나라 사람이었으나 남쪽 지방에 왕국을 건설하여 남월이라 이름하였다. 《사기》의 열전에는 다른 나라의 역사도 기록돼 있는데 남월의 역사를 다룬 〈남월열전〉에 조타의 이야기가 적혀 있다.

[34] 노자는 만물의 근원으로서의 자연을 숭배하는 도가의 창시자로 춘추시대 말기에 주나라의 관리로 있다가 서쪽으로 떠났다. 공자를 만나 이야기를 나눈 적이 있다고 하지만 실존 인물인지 의심받기도 한다. 《사기》 〈노자한비열전〉에는 도가의 창시자인 노자와 법가사상을 집대성한 한비자를 함께 묶어 서로 상반돼 보이는 두 사상의 원류가 하나라는 점을 보여 준다.

[35] 묵돌(재위 B.C 209~B.C 174)은 아시아에 최초의 유목국가를 세운 후 온 세계에 걸쳐 대흉노국을 세운 강력한 통치자다. 선우는 흉노의 지배자를 가리키는 용어다. 《사기》 〈흉노열전〉에는 묵돌의 이야기가 많이 실려 있어, 흉노라는 다른 민족에 대한 사마천의 역사의식을 엿볼 수 있다. 또 사마천은 〈흉노열전〉을 통하여 어진 장수를 가려서 쓰는 방법을 논하고자 했다.

[36] 월지국은 지금의 중앙아시아 지방에 있던 유목국가다.

나라의 안정은
도덕의 힘에
있는 것

6

부잣집 아들은
처형당하지 않는 법

군자는 죽은 후에 이름이 알려지지 않을 것을 걱정한다. 나의 도가 행해지지 않았으니 그럼 나는 무엇으로 후세에 이름을 남기겠는가?

-《사기》〈공자세가〉 중에서

"사마천, 이리 나와라."

간수가 사마천을 호출했다. 한동안 사마천을 부르는 일이 없었기에 사마천은 감옥 안에서 조용히 시들어 가고 있었다. 모든 사람에게서 잊힌 몸이 된 것만 같아 서글플 때도 많았다.

그나마 장대삼이나 오군졸과 이런저런 이야기를 나누는 것만이 삶의 희망이었다. 한동안 간수들은 심심하면 죄수들을 불러서 매질을 했다. 묻는 것도 없고 원하는 것도 없었다. 자신들이 기분이 나쁘면 그 화풀이를 하는 것이었다. 그러다 보니 간수만 보면 숨소리도 낼 수 없을 만큼 두려웠다. 당당하게 행동하고 싶었지만 그것은 머리에 떠오르는 생각일 뿐이었고 간수 앞에서는 그렇게 할 수가 없었다. 당당하려면 애초에 감옥에 들어와서는 안 되는 일이었다.

차라리 조정에서 죽어 버리는 한이 있더라도 감옥에 올 것이 아니었다. 일단 들어온 뒤에는 품위를 유지할 수도 없고 자존심을 지킬 수도 없었다. 이미 감옥에 들어온 이상 어떤 고초를 당하는지는 세상이 다 아는 것이고, 그러니 감옥에서 나간다 해도 위세를 떨칠 수는 없는 노릇이었다. 최소한 사마천은 감옥에서 자신이 고고히 버텼다고 태연하게 거짓말을 할 만큼 낯이 두껍지 않았다.

옥리는 사마천을 꿇어앉히고 말했다.

"너무 긴장하지 마라. 때리려고 부른 건 아니니까."

"무슨 일이오?"

"전 태사령 사마천, 네 죄를 알고 있느냐?"

사마천은 태사령에서 이미 파직된 상태였다. 전 태사령이라고 불러 주는 것만 해도 감지덕지할 노릇이었다. 하지만 사마천은 여전히 자신이 잘못했다고 생각하지는 않았다.

"잘못한 것이 없습니다. 황제 폐하께 직언을 드렸을 뿐입니다."

그때였다. 문이 열리고 두주가 들어왔다.

"어사대부를 뵙습니다."

사마천이 인사를 올렸다.

"앉게."

두주는 거만하게 인사를 받더니 곧바로 옥리에게 말했다.

"죄인이 자기 죄를 고했는가?"

"황송합니다. 죄인은 뻔뻔하게도 지은 죄가 없다고 발뺌하고 있습니다."

"여태 옥고를 치르고도 변한 것이 없다는 말이로군."

사마천은 사실 옥에서 나올 때 일말의 기대를 가지고 있었다. 시간이 많이 흐른 만큼 한무제의 노여움이 풀려서 석방될지도 모른다고 생각했다. 하지만 두주가 나타난 것을 보니 좋은 소식은 없을 것 같았다.

처음 이릉의 패전이 전해졌을 때만 해도 한무제는 크게 분노한 상태는 아니었다. 자신이 출정을 재촉한 때문에 일이 잘못되었던 것은 아닐까 걱정까지 할 정도였다. 하지만 주변에서 이릉을 비난하는 소리가 높아지면서 한무제의 분노도 서서히 높아져 갔다. 그리고 이릉이 패해서 죽거나 사로잡힌 것도 아니고 항복하였다는 사실이 알려지자 한무제는 격분하고 말았다.

사마천은 이릉과 친구 사이는 아니었지만 이릉이 명장의 후손으로 충의가 드높은 인물이라는 점은 잘 알고 있었다. 그런 그가 적에게 항복했다면 훗날을 기약한 것이리라 짐작할 수 있었다. 그래서 한무제가 격분을 누르고 당대의 명장인 이릉을 다시 돌아보고, 그가 귀국하게 된다면 그를 중용할 수 있도록 한무제에게 이릉의 공에 대해서 자세히 아뢰었던 것이다. 그리고 그 결과 사마천은 옥에 갇히고 말았다. 사마천이 끌려 나갈 때 누구 하나 사마천을 위해 이야기해 주지 않았다. 사마천을 변호하다가 자기들도 옥에 끌려갈까 봐 두려 웠던 것이다. 사마천은 기가 막혔다. 평소에 인의와 도덕을 논하던 사 람들이 막상 자신의 가치를 실현해야 하는 순간에는 모두들 입을 닫 아버렸다. 당장의 화를 피하기 위함이었던가? 그렇지 않았다. 사마천 이 감옥에 있는 1년 동안 누구 하나 사마천을 위해 상소하지 않았다. 사마천은 자신이 그토록 하찮은 인물이었다는 사실을 뼈저리게 느 끼고 있었다.

"이릉이 훗날을 위해 잠시 몸을 굽혔을 거라고 했던가?"

두주의 말에 사마천은 정신을 추스렸다.

"그렇습니다."

"그런데 이릉은 흉노 선우 밑에서 흉노의 군사들을 훈련시키고 있다고 한다. 이것이 훗날을 기약하는 태도란 말이냐?"

두주의 말에 사마천은 큰 충격을 받았다.

"그게 사실입니까?"

"그렇다. 흉노를 치기 위해 출정했던 공손오 장군이 알아 온 정 보다. 폐하께서는 대로하시어 이릉의 일족을 모두 처형했다."

사마천은 등골이 오싹해짐을 느꼈다. 이릉이 나라를 배반한 것 이 이리 심하다면 이릉을 변호한 것으로 여겨지는 자신의 운명도 불보듯 뻔한 것이었다. 훗날 밝혀지지만 공손오의 정보는 잘못된 것이었다. 흉노의 군사를 훈련시킨 한나라 출신 장군이 있긴 했는데, 그는 이서라는 사람이었다. 공손오는 확실하지 않은 정보를 알려서 애꿎은 사람들의 목숨을 해친 셈이었다. 공손오 자신도 나중에 무고죄에 걸려서 일족이 몰살당했다. 하지만 이런 일은 나중에 생긴 것이고 당장 이때는 아무도 이릉이 결백하다는 것을 알지 못했다. 한무제의 뒤를 이은 선제는 이릉에게 귀국해도 좋다고 말하지만 이릉은 돌아오지 않았다. 돌아와 본들 가족도 없는 곳이 반가울 리 없었을 것이다. 사마천도 이릉의 투항이 잘못되었다는 것을 인정하지 않을 수 없었다. 이릉이 자신의 목숨을 살리는 바람에 가문의 명성에 누를 끼쳤다는 점은 명백한 것이었다.

"아, 이릉이 어찌 그럴 수가……."

두주는 만족스러운 듯이 차가운 웃음을 흘렸다.

"그럼 옥리는 저 자에 대한 판결을 내리도록 해라."

두주 자신은 판결에 관심도 없는 모양이었는지 그대로 자리에서 일어나 가 버렸다. 판결은 그야말로 뻔한 것이어서 들을 필요도 없던 것이다.

옥리는 사마천에게 냉정하게 말했다.

"사마천, 너는 감히 황제 폐하를 기만하였다. 이는 사형에 속하는 죄다. 알겠느냐?"

사마천은 힘없이 고개를 끄덕였다. 알고는 있지만 사형이라는 말을 들으니 입이 떨어지지 않아 대답할 수가 없었다.

"사마천, 살고 싶으냐?"

옥리가 사마천을 놀리는 것일까? 하지만 그 말에 사마천은 심장이 거세게 뛰었다. 살 수 있는 방법이 있는 것일까?

"사형을 면할 방법이 있기는 있다. 속전을 내고 풀려나는 것이다."

속전이라는 것은 죄를 사하는 대가로 돈을 내는 것이다. 그런 방법이 있다는 것은 사마천도 익히 알고 있었다. 하지만 애초에 머리에 떠오르지 않았다. 사마천은 가난한 관리에 불과했다. 속전을 낼 수있을 리가 없었다. 하지만 물어보지 않을 수도 없었다.

"속전을 얼마나 내야 하오?"

"글쎄다. 딱히 법령으로 정해진 금액이 있는 건 아니다. 하지만 한 50만 전 정도 내면 풀려날 수 있지 않을까?"

사마천의 입이 벌어졌다. 짐작은 했지만 금액은 상상을 초월했다. 50만 전이라니! 집안의 재산을 다 털어도 5만 전도 안 될 것이었다. 50만 전을 바친다는 것은 불가능했다.

"그나마 황제 폐하의 은총으로 돈을 바쳐서 속죄할 수 있는 길이 열린 거야. 말미를 줄 테니까 마누라한테 이야기해서 돈을 구해보라고."

말하나마나 돈을 구하는 것은 불가능하다는 것을 사마천은 잘 알고 있었다. 주변에 권세가 있는 친척이 있는 것도 아니고, 아들이 있어서 돈을 벌고 있는 것도 아니었다.

"요즘 황제 폐하는 네 생각을 아예 안 하시는 모양이니 시간이 있을 때 빨리 돈을 모아 두는 게 좋을 거야. 언제 폐하가 네 목을 치라고 명하실지 모르잖아?"

사마천은 고개를 떨구고 아무 말도 하지 못했다.

"오늘은 특별히 그냥 보내 주지. 매질을 안 하니까 좋지? 감사하다고 말해 봐."

"감사하오."

"하하, 역시 배운 인간이라 예의가 바르구먼. 그럼 들어가 봐."

사마천은 기운 없이 감방으로 돌아왔다. 장대삼은 사마천이 맞지 않고 돌아온 것을 반가워하다가 사형 판결을 받았다고 하자 안색이 굳어 버리고 말았다.

"아, 아니 그럼 다른 방법이 어, 없단 말인가요?"

"있기야 한 가지 있소."

"뭐, 뭔가요?"

"50만 전의 속전을 내는 방법이라오."

"오, 50만 전이라니, 그, 그걸 낼 정도면 이곳에 들어올 리도 없었을 텐데요."

"어차피 모을 수도 없는 돈이구려. 원래 부잣집 아들은 처형당하지 않는 법이라 하였는데, 나는 가난한 집 아들이니 방법이 없소이다."

"부, 부잣집 아들은 처형당하지 않는 법이라는 말은 누가 한 건가요?"

"월나라 왕 구천의 공신인 범려가 한 말이라오. 범려의 이야기를 아시오?"

장대삼이 고개를 저었다. 오군졸이 말했다.

"태사령 나리, 범려 이야기나 한번 들려 주시죠? 이럴 때는 다른 이야기를 하면서 마음을 달래는 게 좋을 수도 있으니까요."

사마천은 길게 한숨을 내쉬었다. 이야기를 하고 싶은 심정은 아니었지만, 사형이라는 생각에만 매달려 있다가는 미칠 것만 같았기에 천천히 입을 뗐다.

월나라는 이웃한 오나라와 원수지간이었다. 지금도 남아 있는 '오월동주'[37]라는 고사성어는 이들 나라가 얼마나 사이가 나빴는지를 알려 준다. 월나라 왕이 죽고 아들 구천이 왕위를 이어받았을 때 오나라 왕 합려는 기회가 왔다고 생각하고 쳐들어갔다. 왕위가 계승되는 때는 혼란스럽기 마련이고 그런 때 불시에 기습을 가하면 승리할 수 있기 때문이다. 하지만 구천은 만만한 인물이 아니었다. 구천은 오히려 역습을 가해 합려를 죽였다. 합려는 아들 부차에게 원수를 갚아 달라고 명했고 부차는 섶에 누워 자면서 복수를 다짐했다. 결국 월나라를 정벌하고 구천을 잡아 왔다.

범려는 구천과 함께 부차 밑에서 온갖 고생을 하며 견뎠고 결국은 다시 고국으로 돌아올 수 있게 되었다. 왕위를 되찾은 구천은 매일 쓸개를 핥으며 부차에게 복수할 것을 다짐했다. 섶에서 누워 자고 쓸개를 핥은 것을 가리키는 고사성어 '와신상담'이 여기서 유래한 것이다.

구천은 결국 부차에게 복수를 가하는 데 성공했다. 이 모든 일은 구천의 지혜에 의한 것이었다. 구천은 천하절색인 서시를 부차에게 보내 부차를 홀렸다. 서시는 중국의 사대미녀 중 하나로 꼽힌다.

그런데 이 모든 일을 완수하고 월나라 왕 구천이 춘추오패의 하나가 된 마당이었는데, 범려는 벼슬에서 물러나더니 아예 월나라를 떠나 버렸다. 떠나면서 그는 유명한 말을 하나 남겼다.

"토끼가 죽으면 사냥개는 삶아지기 마련."

이 말에서 '토사구팽'이라는 고사성어가 나왔다.

범려는 이름을 바꾸고 제나라로 들어갔다. 제나라는 지금의 산둥반도에 있는 나라로 해변을 끼고 있다. 범려는 해변가에서 아들과 함께 농사를 지어 크게 성공했다. 재산이 엄청나게 늘자 제나라 사람들은 현명한 이가 나타났다고 하여 그를 상국의 자리에 올렸다. 상국은 최고의 관직이었으므로 영광스러운 자리였지만 범려는 그런 높은 자리에 오래 있는 것은 위험하다고 말하고는 귀한 보물만 챙겨서 제나라를 떠났다. 남은 재산은 친구와 마을 사람들에게 모두 나눠 줘 버렸다.

범려는 '도'라는 지방에 도착하여 이름을 도주공으로 바꾸고 매점매석 방식으로 큰 재산을 모았다. 이윤은 1퍼센트만 남겼는데도 오래지 않아 큰 부자가 되었다.

도주공은 도 땅에서 막내아들을 낳았다. 그런데 막내아들이 어른이 될 무렵 둘째 아들이 초나라에 갔다가 사람을 죽이는 바람에 감옥에 갇히고 말았다.

"사람을 죽였으니 죽어 마땅하다. 하지만 부자는 처형을 면하게 할 수도 있다."

도주공은 막내를 보내서 둘째 아들을 구하고자 했다. 황금을 가득 준비해서 막내를 출발시키려고 하는데, 그때 첫째가 자기가 가겠다며 막내를 붙잡았다.

"막내를 보낼 것이다. 너는 가지 마라."

도주공이 만류하자 첫째는 단단히 화가 나서 말했다.

"장남이 집안일을 하는 것은 당연한 것입니다. 장남이 멀쩡히 있는데도 막내를 보내신다는 건 다 제가 멍청해서 믿을 수 없다는 뜻인 겁니다. 저는 필요도 없는 인간인데 더 살아서 무엇하겠습니까?"

첫째는 말을 마치고 칼을 뽑아 자결하려 했다. 도주공의 아내가 황급히 첫째를 말리고는 도주공에게 말했다.

"둘째를 구하기도 전에 첫째를 잃게 생겼습니다. 어찌 해야 합니까?"

첫째의 고집에 도주공도 별 도리가 없었다. 막내 대신 첫째를 보내기로 했다. 도주공은 편지 한 통을 써서 첫째에게 주고 신신당부했다.

"이 편지와 황금을 초나라의 장 선생에게 주어라. 장 선생이 시키는 대로만 하면 되고 절대 장 선생의 일에 토를 달아서는 안 된다."

첫째는 아버지가 준 황금 말고도 따로 황금을 더 준비해서 초나라로 떠났다. 도착하자마자 장 선생을 찾아갔다. 장 선생은 성 밖의 초라한 집에 살고 있었다.

도주공의 편지와 황금을 전하고 동생의 일을 부탁하니 장 선생이 말했다.

"여기서 빨리 떠나라. 이 근처에 있어서도 안 된다. 동생이 풀려난 뒤에 만나서 아무 연유도 물어선 안 된다."

장 선생이 성 근처에도 있지 말라 했지만 첫째는 장 선생이 가난한 걸 보고 못 미더워 성으로 들어가 초나라 정계의 실력자를 만났다. 그에게 따로 준비한 황금을 바치고 동생의 일을 부탁했다.

장 선생은 빈민촌에 살고 있었지만 청렴결백해서 그런 것이지 실력이 없는 것이 아니었다. 도주공이 보낸 황금 역시 가지려 한 것이 아니었고, 일이 성사되면 돌려줄 생각이었다. 장 선생은 아내에게 이 렇게 당부해 놓았다.

"이 황금은 내 것이 아니고 도주공의 것이오. 만일 내가 먼저 죽 어 도주공에게 돌려주지 못한다면 당신이 꼭 챙겨서 도주공에게 전 해 주어야 하오."

하지만 이런 장 선생의 마음을 첫째는 전혀 알지 못했다.

장 선생은 입궐하여 초나라 왕에게 말했다.

"최근에 별이 움직였는데 매우 불길한 현상입니다."

왕은 장 선생을 무척 신뢰했으므로 걱정하며 물었다.

"어찌해야 하오?"

"덕을 베푸셔야 합니다."

왕은 즉시 금, 은, 동이 있는 창고를 봉쇄했다. 그러자 첫째의 뇌 물을 받은 초나라의 실력자가 첫째를 찾아와 말했다.

"왕께서 곧 대사면을 시행할 것이니 이제 당신 동생은 살아났 소."

"대사면을 행한다는 것을 어찌 알 수 있습니까?"

"왕께서는 대사면 전에 늘 금, 은, 동이 있는 창고를 봉쇄하시기 때문에 미리 알 수 있다오."

첫째는 그 대사면이 장 선생이 힘을 쓴 결과라는 것을 전혀 몰랐다. 대사면이 시행되면 동생은 당연히 풀려날 것인데 공연히 황금만 갖다 바친 꼴이 되었다고 생각하니 너무 배가 아팠다. 첫째는 고민하다가 결국 참지 못하고 장 선생을 다시 찾아갔다. 장 선생은 첫째가 찾아온 것을 보고 깜짝 놀랐다.

"아니, 어째서 아직 떠나지 않았단 말인가?"

"네, 뭐, 어쩌다 보니 그렇게 되었습니다. 그런데 듣자 하니 대사면이 곧 있을 거라네요. 그러면 동생도 풀려날 테니, 이제는 정말 떠나려고요. 떠나기 전에 하직 인사나 드리려고 찾아왔습니다."

장 선생은 첫째가 황금을 돌려받고 싶어서 찾아왔다는 것을 한눈에 알았다.

"그래? 그럼 자네가 가지고 왔던 황금을 다시 가져가게나."

첫째는 헤벌쭉 웃으며 황금을 챙겨서 떠났다. 장 선생은 첫째가 자신을 믿지 못하고 황금에 눈 먼 인간 취급을 한 것이 수치스러웠다. 다시 입궐하여 왕에게 말했다.

"별의 움직임 때문에 왕께서 덕을 베푸시려 하자, 밖에서 이상한 소문이 돌고 있습니다."

"무슨 소문이오?"

"왕께서 대사면을 행하시려는 이유가 도주공의 둘째 아들을 사면하기 위해서라는 것입니다. 도주공이 사람을 보내 황금으로 대신을 매수하여 이 일을 꾸몄다고들 말하고 있습니다."

초나라 왕은 그 말에 크게 분노했다.

"내가 부덕한 군주기는 하지만 도주공의 아들 때문에 대사면을 할 만큼 정신없는 군주도 아니오!"

즉시 도주공의 둘째 아들을 처형하라 명하고 그다음 날 대사면을 내렸다. 첫째는 둘째의 시신을 가지고 집으로 돌아가야만 했다.

도주공의 아내와 마을 사람들도 모두 슬퍼하는데 도주공만은 웃음 짓고 있었다. 사람들이 그 연유를 물었다.

"예상했던 일이라 그렇소. 첫째가 가면 둘째가 살아날 가망성이 없었다오. 첫째가 둘째를 사랑하지 않아서 그런 건 아니오. 단지 첫째는 돈을 아까워하기 때문에 일을 망칠 줄 알았던 것이오. 첫째는 나와 함께 온갖 고생을 했기 때문에 돈을 모으는 일이 얼마나 힘든지 잘 알고 있소. 그래서 함부로 돈을 쓰지 못하지만 막내는 부잣집에서 태어나 돈을 벌기 위해 땀을 흘린 적이 없소. 그래서 돈을 쉽게 쓰고 아까운 줄 모르오. 막내를 보냈다면 형을 살리기 위해 돈을 펑펑 쓰고 아까워하지 않았을 것이오. 하지만 첫째는 그렇게 하지 못했기에 결국 동생이 죽고 만 것이오. 이것은 당연한 이치이니 슬퍼할 것도 없소. 나는 이미 첫째가 떠났을 때부터 둘째의 시신이 도착할 것을 알고 있었다오."

"참, 대단한 인물이었네요."

오군졸이 감탄했다.

"세 번이나 사는 곳을 바꾸었는데도 그때마다 천하에 이름을 남기다니 이런 사람이 또 있을 것 같지가 않네요."

"이런 사람은 드물지만 돈을 잘 벌어서 천하에 이름을 남긴 사람들은 적지 않다오."

"유명한 사람 중에도 있소?"

"물론이오. 가령 공자의 제자 중 자공 역시 부자로 유명하다오."

"오호, 공자의 제자 중에 부자가 있었단 말이오?"

"공자의 제자 중에는 술지게미도 제대로 먹지 못하는 사람도 있었고 자공처럼 제후들도 한 수 접어 주는 부자도 있었다오. 공자의 이름이 천하에 알려진 데는 자공이 떠받들었던 때문도 있소."

촉새가 이야기에 끼었다.

"그것참 재밌구면. 그럼 돈을 벌려면 어떻게 해야 하는지도 알려 줄 수 있나?"

"가장 흔한 방법은 물건을 사서 이윤을 붙여 되파는 것이오. 도주공도 자공도 다 이렇게 하였소."

"그거야 뻔한 이야기고."

"아니, 잘 알아도 그렇게 하기는 쉽지 않소. 백규라는 사람을 아시오?"

"모르는데?"

"백규가 재산을 불린 이야기를 해 주겠소. 백규는 전국시대 위나라 사람이오. 백규는 사람들이 돌보지 않고 내다 버릴 때 그것들을 사들이고, 사람들이 원할 때 그것들을 팔았소. 풍년이 들어 곡식 가격이 내려가면 곡식을 사들이고 대신 실과 옻을 팔아넘겼소. 흉년이 들어 고치가 나돌면 비단과 솜을 사들이고 곡식을 내다 팔았소. 돈을 불리고 싶을 때는 값싼 곡식을 사들였고, 수확을 늘리고 싶을 때는 좋은 종자를 사들였소."

촉새가 깔깔 웃었다.

"그것참 간단하구려."

"백규의 돈 버는 방법은 쉬워 보였지만 아무나 따라 할 수는 없소. 백규는 이렇게 말했소. '임기응변을 취할 지혜, 결단을 내릴 수 있는 용기, 확실하게 취하고 버릴 줄 알아야 하며, 지킬 것은 끝까지 지켜야 하는데 이런 일을 할 수 없는 사람에게는 내 비법을 알려 주지 않는다.' 백규는 모든 일을 직접 경험해 보고 판단을 내렸는데, 그래서 남들과 달리 잘 해낼 수 있었던 것이오. 이런 일은 따라 한다고 해서 할 수 있는 일이 아니라오."

"하긴 그것도 그렇군. 언제 흉년이 들고, 언제 풍년이 들지 예측할 줄 모른다면 큰 낭패를 볼 수도 있는 일이야."

촉새도 머리를 끄덕일 수밖에 없었다.

"하여간 돈이 최고지. 돈이면 귀신도 부릴 수 있다고 하잖아."

"맞는 말이오. 가축을 쳐서 큰돈을 번 사람이 있었는데 이름이 '나'였소. '나'는 가축을 팔아서 진기한 보물을 구한 뒤에 오랑캐 융족의 왕에게 선물을 했소. 융족의 왕은 진기한 보물에 감동해서 '나'에게 열 배의 가축을 보답으로 주었소. 이렇게 해서 '나'는 엄청난 수의 가축을 가지게 되었소. 어느 정도냐 하면, 가축을 마리로 세지 않고 골짜기 단위로 셀 정도였소."

촉새가 웃음을 터뜨렸다.

"골짜기 하나, 골짜기 둘, 이런 식으로 가축을 셌단 말이야?"

"바로 그렇소. 진시황조차 '나'를 대우해서 제후들과 동등하게 대접했소."

"정말 대단하군. 진시황이 인정할 정도로 부자였단 말이군."

"진시황이 인정한 여자 부자도 있었소. 청이라는 이름의 과부였는데, 단사를 캐는 동굴을 가지고 있었소. 단사는 안료나 약재로 사용하는 붉은색이 나는 광물로 독성이 있어서 조심히 다뤄야 한다오. 그런 만큼 비싼 물건이기도 하오. 청은 과부였지만 엄청난 부자여서 누구도 업신여기지 못했소. 진시황은 청을 위해 여회청대라는 건물을 지어 주기도 했소. 청에게 재력이 없었다면 이런 일은 불가능했을 것이오."

"그럼 돈을 버는 데 최고는 역시 장사라는 거고."

"그렇소. 하지만 돈은 역시 농사를 지어 정직하게 버는 것이 제일 좋고, 사고팔아 이윤을 남기는 상업으로 버는 것은 최하위요. 물론 자신의 땅도 없고 손재주가 없어서 물건도 못 만든다면 손가락만 빨고 앉아 있는 것보다야 장사라도 하는 게 나은 일이라 하겠소."

오군졸이 물었다.

"그럼 부자가 되는 왕도는 뭐요? 있긴 하오?"

"부자가 되는 바른길은 근검절약하고 부지런히 일하는 것이오."

촉새가 말했다.

"그건 하나 마나 한 소리야. 세상에 열심히 안 산 사람이 어디 있다고? 그런다고 다 부자가 되면 부자 아닌 사람이 없겠네."

"맞소. 부자가 된 사람은 뭔가 특출 난 재주가 있는 사람들이오. 아무나 다 부자가 되지는 않소. 농사를 지어서 부자가 되기는 어렵지만 진양이라는 사람은 농사를 지어서 주에서 가장 큰 부자가 되었고, 도굴을 하는 것은 나쁜 일이지만 전숙이라는 사람은 도굴을 발판 삼아 부자가 되었소. 도박으로 밑천을 모은 이도 있소. 하찮은 음식을 팔아서 부자가 된 이도 있고, 칼 가는 기술로 부자가 된 이도 있소. 말의 병을 고치는 별것 아닌 의술로 부자가 되어 제후처럼 음악을 들으며 식사를 하게 된 이도 있소. 그런데 이들에게 공통점이 하나 있소. 모두 성실하다는 점이오. 그 외에는 각기 자기만의 특출한 재주로 성공하였소. 이를 보건대 부자가 되는 것에는 특별히 정해진 직업이 없으며 재물에도 특별히 주인이 정해진 것은 아니라오. 재능이 있는 자에게는 재물이 모이고 못난 사람에게는 기왓장 흩어지듯이 재물도 사라져 버리고 마오."

사마천은 짧게 한숨을 내쉬었다.

"하지만 이 몸은 재물을 모으는 재주는 없으니 목숨으로 대신할수밖에 없을 것 같소."

오군졸이 말했다.

"목숨이 붙어 있는 한 희망을 버리면 안 되는 겁니다. 나약한 서생 같은 소리는 하지 마세요."

"이 목숨은 이미 붙어 있다고 말할 게 없는 거라오."

"방법이 있을 겁니다. 있어야 합니다."

오군졸은 사마천에게 희망을 주고 싶어서 한 말이었지만 그런 위로의 말에도 사마천은 짜증만 솟구쳤다.

"다 틀렸소! 다 틀렸다고! 이제 나는 죽을 날을 기다릴 뿐이오! 조상 대대로 물려받은 그 많은 역사 기록도, 아버지께서 남긴 역사책을 만들라는 유언도 모두 다 소용없게 되었소. 나는 이제 아무것도 남길 수가 없게 되었단 말이오!"

"태사령, 진정하십시오."

하지만 사마천은 진정할 수가 없었다.

"억울할 뿐이오! 내 마음에는 억울한 생각밖에 남지 않았소! 나는 잘못된 일을 하지 않았소. 내 직무에 언제나 충실했고, 이릉의 일도 황제 폐하를 위해 직언했을 뿐, 나 자신을 위해서 한 게 아니란 말이오!"

사마천은 주먹을 불끈 쥐었다.

"내가 사리사욕을 밝혔다면 그깟 50만 전을 내놓고 세상으로 돌아갈 수 있었겠지! 하지만 나는 청렴한 관리로 살았소. 나한테는 아무것도 없단 말이오……."

사마천은 결국 통곡하고 말았다. 촉새가 말했다.

"아, 시끄러! 결국 죽는다고 하니까 본색이 드러나는군. 사람은 누구나 다 죽어. 어떻게 죽느냐가 문제일 뿐이지."

사마천도 참지 못하고 화를 냈다.

"그대야말로 시끄럽소. 내 머리에 든 그 많은 지식을 세상에 내놓지 못하고 죽게 된 심정을 당신이 알 수 있소? 군자의 도를 알리려면 글을 남겨야 하오! 나는 그걸 못하게 되었단 말이오. 무엇으로 세상에 내가 알아낸 도리를 전할 수 있단 말이오!"

조맹우가 자리에서 일어났다. 조맹우는 사마천의 옆으로 다가오더니 속삭이듯이 말했다.

"정말 세상에 그대가 알고 있는 걸 남기고 싶나?"

사마천이 고개를 끄덕였다.

"어떤 대가를 치르더라도?"

"그렇소."

"쉽게 대답할 일은 아니야. 정말 어떤 일이 있어도 살아남아 그대의 글을 세상에 남길 각오를 했느냐는 거야."

"그렇다고 이미 대답했소."

"그럼 남겨야겠구먼."

"이 감옥 안에서 무슨 방법이 있소? 내겐 죽간 하나도, 붓이나 석필 하나도 주어지지 않소."

당시에는 아직 종이가 없어서 대나무로 만든 죽간에 붓으로 글을 썼다. 만약 글을 쓰다 틀리면 그 위에 새로 써넣을 수 있게 석필이라 부르는 작은 칼로 긁어냈다.

"그거야 당연하지. 이 안에서 무슨 책을 쓸 수 있겠나? 여기서 나가서 써야지. 아버지의 유언을 잊은 건 아니겠지?"

사마천은 순간적으로 목이 메었다.

"잊지 않았소. 하지만, 하지만 이제 방법이 없지 않소. 아버지는 이리 말씀하셨소. '무릇 효도라고 하는 것은 어버이를 섬기는 데서 시작하여 군주를 섬기는 것을 거쳐서 입신양명하는 데서 끝나는 것이다. 후세에 이름을 날려 부모를 영광되게 하는 것이야말로 효도 가운데서도 가장 중요한 것이니라.' 그런데 이미 나는 부모의 이름을 욕되게 만들었소. 불효막심한 몸이 되었소."

"흥, 정말 불효막심한 것은 아무것도 하지 못하고 죽어 버리는 거야. 후세에 이름을 날리려 해도 살아 있어야 가능하지 않나? 전에 이야기했었지? 한신 말이야."

"한신?"

"한신이 불량배의 샅을 기어갔다고 했었잖아?"

"그, 그렇소."

"한신이 그때 불량배와 싸워서 죽기라도 했다면 후세에 이름을
날릴 수 있었을까?"

"남기지 못했을 것이오."

"하지만 한신은 기껏해야 불량배의 샅을 기어간 정도였지. 그대
는 그 정도에 그치진 않을 것이오."

"굴원은 자신의 뜻이 받아들여지지 않아 목숨을 끊었소. 하지만
그전에 자신의 글을 남겼소. 목숨을 끊지만 않는다면 뭘 못하겠소."

"목숨을 잃지 않을 방법이 있다면?"

"내게는 그만한 돈이 없소."

사마천은 조맹우가 돈을 내고 목숨을 사라고 말하는 줄 알았다.
하지만 조맹우의 이야기는 그것이 아니었다.

"돈은 아무도 없어. 그런 말이 아니야. 사형을 선고받았으니까
가능한 이야기지."

"무슨 이야기요?"

"사형수가 살아날 수 있는 방법이 하나 더 있다고."

"대체 그 방법이 뭐요?"

"궁형을 청하는 거야."

"뭐요?"

사마천의 얼굴이 파랗게 질렸다. 그건 생식기를 떼어 내 고자가 되라는 말이었다.

"이제 나이도 먹을 만큼 먹었는데, 뭐 어때? 그까짓 거 떼어 내고 목숨을 부지할 수 있다면 수지맞는 장사라고."

사마천은 입을 닫았다. 궁형은 가장 치욕스러운 형벌이었다. 궁형을 선고받으면 자살하는 경우도 흔했다. 그런데 사형을 면하기 위해서 궁형을 청하란 말인가? 사형수가 궁형을 청하면 형을 바꿔 준다는 제도가 있는 건 사실이었다. 대개는 그런 생각 자체가 떠오르지 않을 뿐이었다.

"궁형이라니, 그건 폐인이 되라는 말이잖소. 싫소. 그럴 수는 없소."

치욕에도 종류가 있었다. 말로 욕을 먹는 것이 제일 가벼운 치욕이고, 죄수복을 입고 감옥에 갇히는 것이 그다음, 목에 칼을 차고 손발이 묶인 채 매질을 당하는 것은 그다음이다. 어디 이뿐이랴. 머리를 삭발당한 채 차꼬를 차는 것과 살갗이 벗겨지고 신체 일부가 잘려 나가는 것이 뒤를 잇는다. 하지만 그중에서도 최악은 궁형인 것이다.

위령공이 탄 수레에는 환관을 태우고 공자는 다른 수레에 타게 했다고 하여 수치심을 느낀 공자는 위나라를 떠나 다른 나라로 가 버렸고, 환관이 추천해서 등용되면 비웃음을 사는 세상이었다. 환관은 사람 이하로 취급되어서 보통 사람들조차 환관과 관련되었다고 하면 불쾌하게 생각했다. 그런데 이제 자청해서 그런 사람이 되어야 하다니, 생각만 해도 등에서 식은땀이 흘렀다.

"이봐, 이봐. 벌써 내가 말했지. 쉽지 않은 거라고."

"듣기 싫다잖소!"

사마천은 구석 자리로 가 무릎 사이로 머리를 파묻었다. 더는 아무 말도 듣고 싶지 않았다.

장대삼이 다가왔다. 장대삼은 사마천 옆에 앉아 혼잣말처럼 중얼거렸다.

"오, 오래 같이 지냈는데도 내가 왜 잡혀 와 있는지 말한 적이 없어요. 내, 내 이야기를 한번 할까 해요."

"지금은 듣고 싶지 않소."

"드, 듣고 싶지 않으면 듣지 마세요. 그냥 난 혼자 말할 거예요."

장대삼은 하동 사람이었다. 하동 태수는 황하의 물길을 하나 뚫어 농토에 물을 대서 농지를 확장할 계획을 세웠다. 황무지에서 200만 석 이상의 곡식을 수확할 계획이라 한무제는 기뻐하며 허락했다. 수만 명의 인부가 징발되어 하천을 파고 농지를 개간했다. 장대삼도 그때 끌려가 일을 했다. 농지를 받아 개간도 했다.

"나, 나는 그때 어린아이였지만 그곳에서 희망을 보았어요. 처,

처음 몇 해는 농사도 그럭저럭 되었어요. 따, 땅이 윤택해지면 더 많은 수확을 거둘 거라 생각하고 미친 듯이 일했어요."

하지만 황하는 범람할 때마다 물길이 바뀐다. 몇 해 만에 물길이 바뀌자 뚫어 놓은 물길에 더 이상 물이 차지 않았다. 땅은 급속도로 말라 갔고 그때까지 들인 공은 모두 허사가 되었다. 뿌린 종자만큼도 거둬들일 수 없었다.

"배, 배가 고팠고 먹을 것을 찾아야만 했어요. 어, 어쩔 수 없이 남의 집 담을 넘었고 그 길로 이렇게 되고 말았어요. 그, 그 뒤에 황제 폐하는 호자 지방에서 무너진 제방을 막는 데 성공해서 명성을 드높였다고 들었어요."

사마천이 고개를 들었다. 장대삼의 말에 떠오르는 과거가 있었다. 한무제를 따라 천하를 돌아다녔던 사마천은 황하의 치수 현장에도 있었다. 누런 흙탕물이 미친 듯이 흘러가는 그곳에서 한무제는 천하 백성들을 끌어모아 강과 대결했다. 제방은 높아졌고 강물은 황제 앞에 굴복했다. 홍수가 방지되고 백성들은 황제의 은혜에 감격하여 눈물을 흘렸다. 사마천은 그곳에서 진정한 황제의 힘을 보았고, 권력이 어떻게 백성들을 위해 사용될 수 있는지를 느꼈다. 그때의 감동이 갑자기 텅 비어 버린 듯한 가슴을 채웠다.

"그곳에 나도 있었소. 폐하는 태산에서 봉선을 마치고 그곳에 들러 제방 쌓는 일을 격려했소."

"그, 그래요. 세, 세상에서는 그 성공만을 기억하고 천자가 그곳에서 부른 노래를 같이 부르며 찬양하고 있죠."

장대삼의 눈에서 주르르 눈물이 흘렀다.

"나, 나라의 정책이 잘못되면 백성들은 어육이 되고 말아요. 하, 하지만 누가 그것을 기억하죠? 누, 누가 그것을 써서 후세에 남기냐고요."

사마천은 다시 고개를 떨어뜨렸다. 문득 음악에 대한 글을 어떻게 남길 것인지 고민했던 사실이 떠올랐다. 이것도 마찬가지였다.

제왕들은 고대로부터 황하의 물길을 다스리려고 해 왔다. 그 치수 사업을 각 군주의 행적에 넣어서 그때그때 기록하면 전체적인 맥락을 찾을 길이 없을 것이다. 그렇게 해서는 역사를 기술하는 의미가 없다.

"따로 적는 수밖에 없어."

사마천은 혼잣말을 했다. 장대삼이 무슨 말인가 싶어 돌아보았지만 사마천은 의식하지 못했다.

"그래. 따로 적는 거야. 음악에 대한 것도, 치수에 대한 것도. 이런 식으로 묶어서 이야기해야 하는 것들은 따로 모아서 적어 놓자. 후대의 사람들이 쉽게 참고할 수 있도록."

사마천의 머릿속에는 새로운 역사책의 형식이 떠오르고 있었다. 군왕들의 이야기를 담은 본기, 제후와 위인들의 역사를 담은 세가,

각종 제도와 문화를 다룬 서, 한 편의 이야기를 담은 열전, 연대순으로 정리한 연표.

과연 쓸 수 있을지 모를 역사책이었지만 이런 생각을 하는 동안 만큼은 행복감을 느끼고 있었다.

[37] 오월동주(吳越同舟)는 춘추전국시대 오나라 사람과 월나라 사람이 한 배에 타고 있다는 뜻으로 서로 적의를 품은 사람들이 한자리에 있게 된 경우나, 서로 협력해야 하는 상황을 비유적으로 이르는 말이다. 오나라의 역사는 《사기》 세가 첫 번째 편인 〈오태백세가〉에 기록돼 있다.

7

부잣집 아들은
처형당하지
않는 법

8

울분을 토하고
문장을 남기다

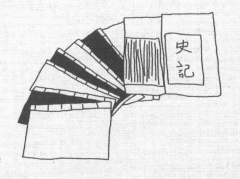

좌구명처럼 실명을 하였거나 손빈처럼 발이 잘린 사람은 세상에 쓰일 희망이 없었기에 물러나 책을 지어 울분을 토하고 문장을 세상에 남겨 자신을 드러냈던 것입니다.

- '임안에게 보낸 편지' 중에서

《손자병법》을 쓴 손무의 후손으로 손빈이라는 인물이 있었다. 손빈은 방연이라는 친구와 함께 병법을 익혔다. 방연이 먼저 출세하여 위혜왕[38]의 장군이 되었다. 방연은 손빈이 자기보다 재능이 뛰어나기 때문에 그를 싫어해서 해칠 궁리를 했다. 손빈을 몰래 불러들여서는 거짓으로 죄를 뒤집어씌운 뒤에 두 무릎의 슬개골을 제거해서 다리를 쓰지 못하게 만들고 얼굴에는 먹물로 죄명을 쓰는 묵형을 가했다. 얼굴이 망가진 데다 걷지도 못하니 꼼짝달싹 못하리라 생각한 것이다.

하지만 손빈은 제나라 사신이 왔을 때 몰래 그를 만나 유세를 했다. 제나라 사신은 손빈이 뛰어난 인재인 것을 알고 그를 빼돌려 제나라로 데려갔다. 제나라 장군 전기는 손빈을 빈객으로 모셨다.

전기가 경마를 즐기는 것을 알고 손빈은 필승의 비법을 알려 주었다. 세 마리의 말을 가지고 벌이는 대결에서 제일 느린 말을 상대의 제일 빠른 말과 상대하게 하고, 중간 말은 상대의 느린 말과, 빠른 말은 상대의 중간 정도 말과 대결하게 하여서 2대 1로 이기게 해 준 것이다. 전기는 손빈을 더욱 신뢰하게 되어 왕에게 추천하기에 이르렀다.

제위왕[39]은 손빈에게 병법을 물어본 뒤 그를 스승으로 삼았다.

위나라가 조나라를 공격하자 조나라는 제나라에 구원을 요청했다. 이때 제위왕은 손빈을 장군으로 삼으려 했으나 손빈이 사양했다.

"형벌을 받은 사람은 장군이 될 수 없습니다."

그래서 전기가 장군이 되었고 손빈은 뒤에서 계략을 짰다. 손빈이 전기에게 작전을 말했다.

"위나라가 정예병을 동원해 조나라로 떠났으니 위나라의 수도에는 대단한 병사들이 없을 겁니다. 이때 위나라의 수도를 공격하면 위나라 군대는 철수할 수밖에 없습니다. 이렇게 되면 조나라의 위기를 구해 줄 수 있고 위나라는 얻은 것 하나 없이 군대만 왔다 갔다 하며 식량과 물자만 낭비하게 됩니다."

손빈의 말대로 위나라 수도를 공격하니 위나라 군대는 급히 귀국해야 했다. 이렇게 힘이 빠진 군대를 중간에서 맞아 싸운 제나라는 쉽게 승리를 거둘 수 있었다.

위나라가 한나라를 침공했을 때 위나라의 장군은 방연이었다. 손빈은 한나라의 원군 요청을 받고 전기와 함께 출전했다. 제나라 군이 쳐들어오자 방연은 군사를 돌려 제나라 군과 싸우려 했다. 손빈은 일부러 도망쳐서 제나라 군사들이 쫓아오게 유인했다.

"처음에는 밥 짓는 아궁이를 10만 개 만드십시오. 둘째 날에는 5만 개를 만들고, 셋째 날에는 3만 개를 만들도록 합니다."

방연은 제나라 군을 추격하면서 아궁이의 수를 세어 보았다. 날이 갈수록 그 수가 줄어드는 것을 금방 알 수 있었다. 방연은 신이 나서 말했다.

"제나라 군대가 겁쟁이라는 걸 진작 알고 있었지만 우리 땅을 침범한 지 사흘 만에 병사의 반이 도망쳤구나."

방연은 제나라 군의 수가 얼마 안 된다고 믿고는 정예병만 이끌고 추격에 나섰다. 손빈은 방연의 추격 속도를 계산해서 좁은 길목에 군사를 매복시켰다. 손빈은 길 복판에 있는 나무 하나를 골라 껍질을 벗기고는 '방연이 여기서 죽는다'라는 문구를 써 놓았다. 손빈은 활을 잘 쏘는 병사 만 명을 길가에 매복시킨 뒤 밤중에 불빛이 보이면 그곳으로 일제히 활을 쏘라고 명령했다.

방연이 추격하던 중에 껍질을 벗긴 나무에 도착했다. 뭔가 쓰여 있는 것 같은데 어두워서 잘 볼 수가 없었다. 방연은 횃불을 켜게 한 뒤 나무에 쓰인 글을 읽어 보았다.

횃불을 들자마자 사방에서 화살이 비 오듯 쏟아졌다. 방연은 손빈의 함정에 걸린 것을 알았다.

"아, 내가 놈의 명성을 떨치게 하다니!"

방연은 탄식 후에 칼을 들어 자신의 목을 찔렀다. 위나라 군대는 전멸했고 제나라 군대는 위나라 태자까지 포로로 잡아서 돌아왔다.

손빈은 불구의 몸이 되었지만 분발하여 한 나라를 이끄는 장군이 되었을 뿐만 아니라, 자신의 병법을 한 권의 책으로 남겨 후세에 참조하게 하였다. 그 책은 선조가 쓴 《손자병법》과는 다른 《손빈병법》이다.

사마천은 손빈이 이룩한 업적을 곰곰이 생각하고 있었다. 어디 손빈만이 그랬던 것인가. 주나라의 문왕은 감옥에 갇혀서 역법을 풀이한 책을 썼고, 공자는 뜻을 펼치지 못하게 된 뒤에 《춘추》를 썼다. 굴원은 쫓겨나서 《이소》를 지었고, 좌구명은 눈이 먼 뒤에도 굴하지 않고 《국어》를 펴냈다. 좌구명은 공자의 《춘추》가 지나치게 간략해서 읽는 사람들 마음대로 해석하는 것을 걱정해서 상세한 내용을 덧붙인 《좌씨춘추》도 만들었다. 진나라의 재상 여불위는 유배된 뒤에 《여씨춘추》를 썼고, 한비자는 옥에 갇힌 상태에서 천하의 걸작을 써냈다.

세상에는 이런 사람들이 얼마든지 있었다. 마음속 깊이 간직한 한을 세상을 밝히는 등불로 변화시킨 사람들이었다.

"하지만 그 사람들은 궁형을 당하진 않았지."

위인들이 남긴 업적을 되돌아보는 것으로 자신의 처지를 위로할 수는 없었다. 사마천은 여전히 어찌해야 할지를 모르고 있었다.

장대삼도 그런 사마천의 고민이 안쓰러웠던 모양인지 한숨을 쉬며 말했다.

"시, 신선이라도 있어서 태사공을 이곳에서 꺼내 주었으면 좋겠습니다만……."

그 말에 사마천은 저도 모르게 웃음이 나왔다.

"신선이라, 신선 같은 게 있을 리가 없지."

"아니, 신선을 보았다는 사람들도 많은데 어찌 없다고 그렇게 단정하나?"

촉새도 끼어들었다.

"진시황 때 서불이 동남동녀들을 데리고 불로초를 찾아서 떠나지 않았던가? 신선이 사는 곳에 자라는 영험한 풀이라고 했지."

사마천이 피식 웃었다.

"그리하여 서불은 영영 돌아오지 않았소."

"나라도 돌아오지 않을 거야. 신선이 사는 곳에 도착했다면 말이지."

사마천이 다시 웃으며 말했다.

"나라면 신선이 사는 곳이 아니어도 돌아오지 않을 것이오. 신선을 만나지 못했다는 것을 알면 목숨이 남아나겠소?"

"어? 어라? 그, 그건 그렇군."

"신선을 만나고 싶은 거야 누군들 그렇지 않겠소. 하지만 도사들이란 그럴듯하게 이야기만 할 뿐 누구 하나 신선을 데려온 적이 없소. 폐하도 신선을 만나기 위해 엄청난 재물을 뿌렸지만 모두 소용없는 일이었다오."

오군졸이 말했다.

"하지만 이소군은 어떻소? 이소군은 신선이 아니었소?"

사마천은 다시 웃음을 머금었다.

"이소군은 자기 나이도 살아온 일들도 모두 말하지 않았소. 그저 일흔 살이라고 주장했고 귀신을 부릴 수 있으며 불로장생의 방술을 가지고 있다고 말하여 폐하의 환심을 샀소."

"불로장생이라니 그러면 이소군은 아직도 살아 있나요?"

"그랬으면 좋겠지만 이소군은 죽었소. 다만 폐하는 이소군의 죽음을 믿지 않고 그 여자가 신선이 되어 승천했다고 생각하셨소. 이소군은 오래된 일들을 맞히는 재주를 보였는데, 그런 얄팍한 재주에 폐하는 속아 넘어갔던 거요."

갑자기 조맹우가 웃음을 터뜨렸다.

"얄팍한 재주에 속아 넘어갔다고 하다니 태사령의 말씀씨가 참 대단하네. 아주 대놓고 황제 폐하를 욕하는 거 아닌가?"

"잘못된 건 잘못되었다고 말할 수밖에 없소. 이소군은 신선을 만나 불로장생할 수 있다고 하면서 마음이 통하면 만날 수 있지만 마음이 통하지 않으면 신선이 숨어 버릴 거라고 했소. 신선이 대체 뭐가 두려워 황제를 피한단 말이오? 하지만 폐하가 신선에 한번 마음이 쏠리자 온갖 허무맹랑한 도사들이 신선에 대해서 말하고자 몰려들었소."

"그중에 뭐 재밌는 이야기가 있다면 한번 해 보게나."

"문성장군이라는 이가 있었소. 하루는 문성장군이 소의 배 속에 기이한 것이 들어 있다고 말하였지. 그래서 소를 잡아 배를 갈랐더니 여러 가지 기괴한 글이 적힌 비단이 나왔소."

"대단한걸. 신통력이 있었다는 건가?"

"하지만 황제 폐하도 그 정도의 일로는 속지 않았소. 황제 폐하는 그자의 필체를 알고 있었기에 바로 속임수를 간파할 수 있었소. 문성장군을 불러 따져 보니 과연 가짜였소. 황제 폐하는 바로 문성장군을 죽여 버렸소."

"황제 폐하가 정상이라는 증거로군, 만세, 만세, 만만세!"

"뭐, 그리 좋아할 일은 아니오. 황제 폐하는 그를 너무 빨리 죽였다고 후회했소. 여전히 그가 신통력을 가지고 있었다고 믿었던 것이오. 그 후에 난대라는 인물을 만나서 홀딱 빠져들고 말았소. 난대는 문성장군의 예를 들면서 그렇게 도사들을 죽여 버리면 누가 신선에 대해서 말해 줄 수 있겠느냐고 말했소."

"흠, 그럴듯하게 말했군그래."

"황제 폐하는 문성장군은 말의 간을 먹고 죽었을 뿐 죽인 게 아니라고 변명하고 난대에게는 제후의 벼슬을 내린 뒤에 공주까지 시집보내고 오리장군의 칭호도 내렸소. 난대는 천자를 만나고 불과 몇 달 만에 6개의 관인을 달고 천하에 명성을 떨쳤소. 연과 제 땅의 도사들이 자기들도 신선을 불러올 수 있다며 억울해할 지경이었소. 하지만 결국 난대는 신선을 불러오지 못했고 황제 폐하는 난대를 죽여 버렸소."

"어이쿠, 불로장생은커녕 한때의 영화로 끝장나 버렸군그래."

"그 뒤에도 폐하는 신선을 만나기 위해 누대를 쌓고 온갖 제사를 지냈소만 결국 신선은 찾을 수 없었고 재물만 낭비했소."

촉새가 끼어들었다.

"하지만 태사령도 저 먼 옛날이야기를 할 때면 괴상하고 신기한 이야기들을 했잖아. 그런데 오늘날에 와서는 신선이 없다고 말하는 건 서로 모순되지 않아?"

"그렇게 오래된 옛날 일들은 아무래도 전하고 있는 말에 신비롭고 이상한 것들이 섞여 있게 마련이오. 그런데 그런 신비로운 이야기

들을 단지 신비롭다고 모두 제하면 실제로 남는 것이 없게 되오. 따라서 나는 여러 기록들을 비교하고 검증하여 오래전부터 전해 오는 이야기라 판단한 것들을 이야기해 준 것뿐이오. 가령 삼황오제 중 삼황에 대한 이야기는 너무 이상한 것들이 많아 결코 역사라고 볼 수가 없어서 기록하지 않았소. 오제의 경우도 그 첫 번째인 황제의 경우 제자백가가 전하는 말들은 문장도 조악하고 온당치 않은 이야기들 천지라 말할 가치가 없는 것이 많다오."

"그때 이야기라고 남아 있지 않은 것도 아니잖아. 전에 내가 삼황오제에 대한 이야기도 한 적이 있었고."

사마천은 고개를 끄덕였다.

"여러 이야기가 전해 오는 건 사실이오. 하지만 오제와 삼대의 기록들은 아주 오래되어 자세한 내막을 알기가 어렵소. 상나라 때까지 제후국의 기록들도 제대로 된 것이 없소. 공자가 《춘추》를 지었는데, 여기에는 정확한 연대가 적혀 있어서 참고하기가 좋소. 하지만 《서경》은 연대가 간략하고 누락된 부분도 있는데 의문이 있는 건 의문이 있다고 한 채 전하였소. 이것은 참으로 신중한 자세로 본받아야 하오. 모르는 건 모르는 것이니 함부로 지어내서는 아니 되오. 나는 황제 때의 일도 상세히 적은 책도 보았는데, 앞뒤로 고증을 따져 보니 들어맞지 않았소."

"그럼 공자가 한 말이면 맞고 공자가 하지 않은 말이면 틀리다,

이 말인가? 역사란 게 참 쉽구먼그래. 공자 가라사대만 읊으면 되는 거니까."

사마천은 고개를 흔들었다.

"그런 것이 아니요. 공자의 말이라 해도 이치에 맞지 않으면 당연히 의심해야 하오. 공자는 백이, 숙제가 남을 원망한 일이 없다고 말했지만 나는 그렇게 보지 않소. 그것은 그냥 내가 짐작해서 하는 말이 아니라 백이와 숙제가 남긴 글을 보고 생긴 의심이오."

"호, 태사령 나리, 대단한데? 조금 다시 보게 되었네. 공자의 말을 의심하다니, 참 대단한걸."

"대단할 것도 없소. 뭐니 뭐니 해도 진위의 판별을 위한 기준으로는 유가에서 남긴 《서경》, 《예기》, 《악기》, 《역경》, 《시경》, 《춘추》를 가리키는 육경을 참조하는 것이 좋소. 다만 맹신해서는 안 된다는 것뿐이오. 나는 천하를 돌아다니며 많은 이야기들을 들었고 그것들을 가지고 다시 사서와 비교해 보았소. 새로운 사실을 알게 되기도 하고, 잘못 전해진 이야기들을 분별하기도 하고, 기존 사실을 재확인하기도 하였소."

"그래 봐야 옛날이야기잖아. 그런 게 오늘날 무슨 소용이 있어? 하루 재미있게 듣고 나서 다음 날 까먹어도 그만이야."

"옛사람들의 행적을 기록하는 것은 그걸 본보기로 삼기 위해서지만 물론 그대 말처럼 옛날 일과 지금 일이 꼭 일치하지는 않소. 과

거의 군주들은 각각 예법과 시무를 달리하여 공을 이루는 것으로 본보기를 삼으니 어찌 마구 섞어 버릴 수 있겠소. 존경과 총애, 실패와 모욕을 얻는 것을 살펴보면 시대에 따라 얻는 것과 잃는 것이 있다는 것을 알 수 있소. 오늘날의 일을 기록하면 후대에는 또 그것이 역사가 되어 이 시대를 평가하게 될 것이오."

"그럼 후대에는 후대대로 지금 기록을 보면서 이건 사실이 아닐 거라고 말할 수도 있지 않나? 그럼 역사라는 건 그냥 자기 생각하는 대로라는 거 아냐?"

"자기 혼자 생각으로만 옳다고 여긴다면 그건 진정으로 옳은 것이 될 수는 없소."

"어렵게 말하지 말고 쉽게 설명해 봐."

"이치에 맞고 맞지 않고는 자료들을 검토하면 쉬 알 수 있소. 어떤 자료를 믿을 수 있는가, 어떤 자료를 믿을 수 없는가 하는 부분도 이미 선현들이 닦아 온 것이 있으므로 그에 기준하여 판단하면 되는 것이오."

"그러니까 진실을 알리려면 기록을 많이 남겨야 하겠군?"

"물론이오. 만일 기록이 없다면 그것은 아무것도 없는 거나 마찬가지요. 일찍이 공자는 이런 말을 했소. '군자는 죽은 후에 이름이 알려지지 않을 것을 걱정한다. 나의 도가 행해지지 않았으니 그럼 나는 무엇으로 후세에 이름을 남기겠는가.' 그래서 공자가 《춘추》를 지은 것이오."

가만히 듣고만 있던 장대삼이 말했다.

"아, 아마도 공자가 그러했듯이 태사령의 이름도 태사령이 쓰는 그 역사책으로 인해 전해지게 될 겁니다."

"칭찬은 고맙지만 그걸 내가 쓸 수는 없을 터이니, 만사가 다 틀렸소."

사마천은 혼잣말을 중얼거렸다.

"백이와 숙제가 비록 어진 사람이기는 하지만 공자가 그들을 찬양하였기에 그 명성이 더욱 높아진 것이라오. 공자의 제자 안회 역시 사람 자체가 훌륭하지만 공자가 칭찬하였기에 더더욱 높은 평가를 받은 것이고. 아무리 뛰어난 사람이라 하여도 그 이름을 후세에 전할 사람이 존재하지 않는다면 그 이름이 어찌 남겠소. 아, 나는 진정 그 사람들의 이름을 후세에 전할 사람이 되고 싶었소."

"아, 아직 늦지 않았습니다. 태사령은 그 모든 것을 기록하고 있잖아요."

사마천은 잠시 침묵하다가 말했다.

"나는 본래 그것을 해야 하는 몸이오. 선친은 내게 이런 말을 남기셨소. '공자의 《춘추》 이후에 제후들은 서로 싸우는 데만 골몰해서 역사를 기록하는 일이 단절되었다. 이제 한나라가 흥해서 천하는 통일되었는데, 그동안 수없이 많은 현명한 군주, 어진 임금, 충성스러운 신하, 정의에 목숨을 바친 선비들이 있었지만 내가 태사령의 지위에 있으면서도 천하의 역사를 폐기하고 말았다. 나는 이 점을 심히 두려워하고 있다. 너는 내 이런 심정을 잘 살펴주기 바란다.' 그리하여 나는 궁궐 속에 비장된 온갖 서적들을 섭렵하고 아버지께서 물려주신 자료들을 검토하여 역사서를 쓰는 작업을 시작하였소."

"그, 그러니 그 작업을 마치셔야 합니다."

"역사책을 쓰는 작업은 시작도 못한 것이나 마찬가지요. 하지만 어차피 이런 처지가 되어서 쓸 수 없을 것이 분명하니 나는 그저 큰 불효자가 되고 말 것이오."

"자, 자꾸 안 된다고 생각하지 마세요."

사마천은 조용히 머리를 저었다. 궁형을 받고 살아남아 역사책을 써야만 하는 걸까? 여전히 마음에 결심이 서지 않았다.

장대삼이 사마천에게 말했다.

"그, 그런데 세상 사람들이 하는 말은 어제 일어난 일도 오늘 다르게 말하지 않나요. 어, 어떤 말이 진실인지 어떻게 알 수 있을까요?"

사마천은 잠시 생각에 잠겼다가 말했다.

"잘 살펴볼 수밖에 없소. 예를 들자면 소진과 같은 경우도 전해 오는 이야기가 참 여러 가지요. 시대가 다른데도 소진에게 끌어다 붙인 이야기들이 많이 있었소. 하지만 나는 그것을 일일이 분별한 바

있소. 소진은 평민의 신분에서 입신해 육국을 연결시켜 합종을 맺게 했소. 이는 그의 재능이 일반 사람을 뛰어넘는다는 것을 증명한 일이라 나는 더욱 조심해서 소진에 관해서 연구하였던 것이오."

조맹우가 말했다.

"그러고 보면 태사령 당신은 귀족들보다 평민들에게 더 관심이 많은 것 같군. 평민들 중에 성공한 사람들 이야기를 당신처럼 많이 아는 사람도 없을 거야."

"그럴지도 모르오. 나는 높은 분들이 겉과 속이 다르게 행동하는 것을 참으로 많이 보았소. 내가 틀린 말을 한 것도 아닌데 아무도 변호해 주지 않는 것을 보고 놀라기도 했소. 못 배운 사람들이라 해도 무엇이 정의인지는 자연스럽게 아는 사람들이 많이 있소. 나는 그런 사람들도 역사에 기록될 가치가 충분하다고 생각하오."

"그런 사람 중 특히 기억나는 사람이 있음 한번 이야기해 보게."

"노중련이라는 사람이 있소. 제나라 사람인데 벼슬을 한 적은 없지만 드높은 기개를 가지고 있었소. 진나라가 조나라를 공격하여 위기에 처했을 때 노중련은 조나라에 있었소. 위나라에서 구원군을 보냈지만 위나라는 진나라의 위세에 눌려 싸움을 하지 못하고 있었을 뿐만 아니라 유세객(뛰어난 논변을 펼치는 달변가)을 보내서 진나라 왕을 '제(帝)'로 높여 불러 주면 물러날 것이라는 이야기를 하였소."

"그게 말이 되나. 군사가 그런 말 한마디에 물러날 리가 없잖아."

"그렇소. 노중련은 위나라의 유세객을 찾아가 논쟁을 벌여서 그를 설득했소. 위나라가 곧 공격해 올 것을 안 진나라 군은 조나라에서 물러나고 말았소. 조나라에서는 노중련에게 벼슬을 내렸지만 노중련은 벼슬을 받지 않았소. 또 황금을 내렸으나 노중련은 그것도 거절하였소. 그는 '선비가 귀한 까닭은 다른 사람의 걱정을 덜어 주고 재난을 없애 주며 분규를 풀어 주고도 보상을 받지 않기 때문입니다. 만일 보상을 받는다면, 그것은 장사꾼이 하는 짓입니다. 저는 그런 짓은 차마 하지 못합니다.'라고 말하고는 조나라를 떠나 버렸소."

"협객이네, 협객이야."

"노중련은 제나라가 연나라 요성을 공격할 때 연나라의 장군에게 편지 한 통을 보내 그가 자살하게끔 유도했소. 때문에 제나라는 난공불락의 요성을 기어이 함락시킬 수 있었소. 이에 제나라에서는 다시 노중련에게 벼슬을 내렸지만 노중련은 달아나 어느 바닷가에 숨어 살았소. 그는 '영화롭게 살면서 남에게 눌려 지내느니, 가난한 채로 세상을 가볍게 살아가겠노라'라고 말하였소."

"멋진 친구로군. 같은 시대에 살았다면 벗으로 사귀었을 것을."

"나는 노중련이 한 일이 대의에 어울린다고 보지는 않소. 하지만 무관무직의 그가 호탕하게 자신의 뜻을 펼쳐 제후들에게 당당히 이야기하는 것은 멋진 일이라 생각하오."

오군졸이 말했다.

"평민이라 해도 그 힘이 제후를 아우를 만하면 기록할 가치가 있다는 이야기 아닌가요?"

사마천이 감탄했다.

"맞소. 바로 그런 것이오. 나는 오래전부터 실(實)과 허(虛)에 대해서 생각했소. 세상에는 실을 모르고 허에만 사로잡히는 경우가 많소."

"갑자기 이야기가 어려워지는군요. 그게 다 무슨 소리예요?"

"가령 천하를 처음 통일한 진나라를 보시오. 진시황은 포악한 짓을 많이 했소. 새로운 법을 만들어 세상을 고달프게 했소. 하지만 세월이 지나고 보니 진시황이 한 일은 세상에 도움이 되는 일도 적지 않았소. 도량형을 통일했고, 글자체를 통일했소. 오늘날 경제가 원활하게 돌아가는 것은 진시황의 업적이라 할 수 있소."

"그건 그렇게 볼 수도 있겠네요."

"그러나 오늘날의 학자들은 자신들이 보고 들은 것에 매여서 진 왕조가 오래 존속하지 못한 현상만을 보고 있소. 그 처음과 끝을 살피지 못한 채 모두들 비웃으며 감히 칭찬 같은 것은 엄두도 못 내고 있으니, 이것이야말로 귀로 음식을 먹으려는 것과 무엇이 다르겠소. 참으로 서글픈 일이외다."

"귀로 음식을 먹다니, 하하, 그럴 수가 있나요?"

"천하를 통치한 사람들은 그만한 대접을 받아야 한다고 생각하오. 항우[40]는 한때 천하를 호령한 사람으로 본기에 들어오는 것이 당연하며, 한나라의 경우 무늬만 황제였던 혜제는 본기에 들어올 자격이 없으며, 그 시기에 실제로 한나라를 통치했던 여후야말로 천하의 주인으로 기록되어야 한다고 생각하오."

오군졸은 입을 딱 벌렸다.

"또한 나는 제후들의 역사도 따로 정리해야 한다고 생각하고 있는데, 이것을 '세가'라 부를 것이오. 여기에는 온갖 제후들뿐만 아니라 최초로 진제국에 반기를 들었던 진승과 같은 사람, 그리고 우리 역사에 제후들만큼이나 큰 영향을 끼친 공자도 집어넣을 것이오."

오군졸은 고개를 흔들어 정신을 챙겼다. 그만큼 사마천의 역사관은 파격적인 것이었다.

"태사령은 이미 역사책을 쓰기 시작했다 했으니 반드시 그것을 마무리해야 합니다. 그 책은 명산에 수장될 것이니 후일 태사령의 뜻을 알아주는 사람에게 전해질 것이고 온 마을과 도시에 태사령의 책이 전해질 것입니다. 그렇다면 이제 당할 수밖에 없는 태사령의 굴욕 또한 모두 씻겨 나갈 겁니다. 내게는 그런 재주가 없으니 감당할 수 없는 짐이지만 만일 내게 태사령과 같은 재주가 있다면 만 번을 주륙당한다 해도 어찌 후회가 있을 수 있겠습니까."

"하지만 궁형을 당하고 살아간다는 건……."

"사람들은 자기가 살던 고을밖에 모르는 경우가 많습니다. 평생을 자기 고을에서 한 발자국도 벗어나지 못하고 죽는 인간들도 많더라고요. 기껏 고향을 떠나 봐야 군역 때문에 수자리(국경을 지키는 일)서러 가는 것이 고작인지라 자기가 지나간 길도 잘 기억하지 못하죠. 전 흉노를 정벌하는 장군들을 따라 사막을 반평생 오갔지만 제가 어디를 갔는지도 잘 몰라요. 하지만 태사령 나리는 머릿속에 천하를 집어넣고 있습니다. 저는 정말 그 점에 감탄했습니다. 태사령 나리는 지난 세월의 일들만 잘 기억하는 것이 아니고 하늘의 별자리, 땅의 지리까지 모르는 것이 없으신 분이지요. 그런 놀라운 지식을 세상에 남겨 놓고 싶지 않으신가요?"

그 말은 사마천의 심장을 아프게 찔렀다.

"아아, 나는, 나는 정말⋯⋯."

그때 촉새가 흠흠, 헛기침을 하더니 말했다.

"사실, 난 태사령을 좋아하지 않았습니다. 그래서 옷도 빼앗고 못되게 굴었지요."

촉새의 존댓말에 사마천은 당황했다.

"갑자기 그건 웬 말이오?"

"그런데 태사령이 침명법을 딱 잘라 악법이라고 말하는 걸 보고 참 많이 놀랐습니다."

촉새는 일어나 태사령에게 절을 올렸다.

"태사령 나리와 같은 분은 여기서 반드시 살아 나가셔야 합니다. 제가 그동안 실례를 많이 범했습니다."

"아니, 이러지 마시오. 괜찮소."

조맹우도 자리에서 일어났다.

"나도 태사령에게 좀 미안한 점이 없지 않네. 부디 살아 나가서 그대가 알고 있는 이야기들을 후세에 꼭 남기길 바라네."

조맹우는 사마천에게 읍을 올렸다. 사마천은 정신이 하나도 없을 지경이었다.

"이거, 이것 참, 정말 왜들 이러시오."

오군졸과 장대삼도 사마천에게 절을 올렸다. 오군졸이 말했다.

"제 사연을 꼭 글로 남겨 주셔야 합니다."

"저, 저도 그렇습니다. 부, 부디 글로 남겨 주십시오."

아무리 중요한 일이라 해도 누군가 기억해 주지 않는다면 그것은 없는 일이나 마찬가지다. 누군가가 기억한다 해도 그것이 기록으로 남지 않는다면 그것은 기억하는 사람의 죽음과 함께 사라지고 만다. 그 빈자리는 전설과 신화가 메우게 된다. 그리하여 사람들은 역사를 모르게 되고 마는 것이다.

기억하게 하는 데는 재미있는 이야기가 제일 좋다. 예양의 이야기와 같은 것, 곽해의 일화 같은 것은 후대에 남겨 전할 필요가 있다. 신의를 지키고 불쌍한 사람들을 돕는 것이 협객만이 해야 할 일은 아니다. 위정자도 백성도 모두 지켜야 하는 도리인 것이다. 이 이치를 가장 잘 전할 수 있는 길이 바로 역사책이다.

사람들에게 이건 이렇고, 저건 저렇다고 가르치려고 드는 것보다 그 사람들이 재미있게 읽다가 스스로 느끼게끔 하는 것이 제일 좋은 일이라 할 수 있다. 억지로 외운 것은 잊어버리게 되지만 가슴으로 느낀 감동은 쉬이 사라지지 않는 법. 즐겁고 재미있게 만들어진 이야기를 통해서 감동도 얻을 수 있다. 실제로 일어난 일을 통해서 느끼게 되는 감동과는 또 다른 것이다. 진실의 힘에 기댄 감동은 그 크기가 다르게 마련이다.

백이와 숙제의 이름은 공자에 의해서 남았고, 비록 그들은 불행하게 죽었지만 그 이름은 오늘날에도 칭송받고 있다. 또한 그와 같은 삶을 살아야 한다는 다짐을 사람들에게 주고 있지 않은가.

천도는 기록에 의해서 남게 된다. 천도는 글 속에 있는 것이다.

사마천은 길게 한숨을 내쉬고 말했다.

"내가 죽고 난 뒤에 비로소 옳고 그름이 가려질 것이오."

사마천의 말이 무엇을 의미하는지 잘 알 수가 없어서 장대삼은 사마천의 얼굴을 빤히 쳐다보았다.

사마천의 눈에서 눈물이 흘러내렸다.

"나는 잠실[41]에 들어가 세상의 웃음거리가 되겠소."

"아, 잠깐 그러면 안 되는 게 있는데!"

갑자기 촉새가 난처한 표정을 지으며 말했다.

"그런 걸 남기면 내가 위조범이라는 이야기도 남길 거잖아요! 난 역사책 쓰는 거, 절대 반대!"

사마천은 그만 울다가 웃어 버리고 말았다.

"세상에 도움도 안 될 그런 이야기는 넣지 않을 거요. 촉새가 오수전을 위조했다는 말을 넣어서 뭐에 쓴단 말이오?"

"그, 그런가요? 아무튼 안 쓰기로 약속하시는 거죠!"

"그런 하찮은 것 말고도 써야 할 것이 참으로 많을 거외다."

사마천은 눈을 감았다. 써야 할 수많은 이야기들이 그를 감싸 주었다. 세상의 모든 비난과 조롱도 그 이야기들로 막아낼 수 있으리라 그는 생각했다.

[38] 위혜왕(재위 B.C 369~B.C 319)은 전국시대 위나라의 왕이다. 인의의 정치를 권하였던 맹자와 같은 시대의 왕이나 맹자를 기용하지 못하였다. 재위 기간 동안 점점 나라가 쇠약해져 갔다.

[39] 제위왕(재위 B.C 356~B.C 320)은 제나라의 왕으로 처음에는 정치를 잘하지 못했으나 손빈을 필두로 인재를 많이 기용해서 부강한 나라를 만들었다.

[40] 항우(B.C 232~B.C 202)는 진나라 말기에 군사를 일으켜 한고조 유방과 함께 진나라를 멸망시켰다. 사마천은 항우의 그 공적을 높이 평가한 데다 진나라와 초나라 사이 기간에 항우가 실질적인 통치권을 행사했던 데 기인해 제왕들의 전기인 본기에 그의 이야기 〈항우본기〉를 넣었다.

[41] '잠실'은 누에를 치는 방으로 바람이 전혀 통하지 않는 밀실이다. 궁형을 당한 사람의 몸을 따뜻하게 보호해 준다고 해서 궁형을 당한 사람은 상처가 아물 때까지 잠실에 들어가야만 했다.

부록

도리도 믿을 수 없고

지혜도 믿을 수 없다.

복이라고 앞에 서지 말고

화 역시 건드리지 말라.

몸을 자연에 맡기고 하나가 되라.

– 사마천, 〈비사불우부〉 중에서

사마천은 용문이라는 곳에서 태어났다. 지금 중국의 산시성(우리나라의 맞춤법상 중국의 두 지명이 똑같이 산시성이라고 쓰게 되어 있어서 상당히 혼란스럽다. 한자 발음대로 읽으면 섬서성이 되며 고대 중국의 중심지 중 하나이다) 한청(韓城) 부근의 용문은 '등용문'이라는 고사성어의 무대로 유명하다. 등용문이라 함은 용문을 흐르는 황하 강물이 하도 빠르고 무서워 물고기도 거슬러 올라갈 수 없는데, 만일 이 물을 거슬러 올라갈 수 있다면 용이 될 수 있다는 전설에서 비롯된 것이다. 한청 옆을 흐르는 황하에 의해서 동쪽은 산시성(산서성)이고 서쪽은 산시성(섬서성)으로 나뉘어진다. 동남쪽으로 가면 낙양이 있고, 서남쪽으로 가면 장안이 있다. 낙양과 장안은 모두 고대 중국의 수도로 중국 역사의 중심지였다.

사마천이 몇 년도에 태어났는지는 정확하지 않다. 사마천의 출생 연도에 대해서는 기원전 145년 설과 기원전 135년 설 두 가지가 있다. 여러 학자들이 각각의 논거를 가지고 사마천의 출생 연도를 따졌는데, 기원전 145년 설이 좀 더 많은 학자들의 지지를 받고 있으며 이 책에서도 기원전 145년 설을 따랐다.

사마천이 죽은 때도 정확하게 알려져 있지는 않다. 사마천이 남긴 기록 중 친구에게 쓴 편지가 한 통 있는데, 이 편지의 작성 연도는 일반적으로 기원전 91년으로 알려져 있으며, 그 후 얼마 되지 않아 사마천도 운명을 달리했을 것이라 추측하고 있다. 기원전 87년에 한무제가 숨을 거뒀고, 이 전후에 사마천도 귀천했으리라 여기고 있다. 이래서 백과사전 등에서 사마천 항목을 보면 출생 연도가 ?B.C 145~?B.C 86 이라는 식으로 나오는 것이다.

사마천의 아버지는 사마담으로 사마천이 어려서 용문에 살고 있던 당시에는 농사를 짓고 가축을 몰며 지내고 있었다.

사마담은 기원전 140년에서 기원전 135년 사이에 태사령이 된 것으로 보인다. 사마천이 이때 아버지를 따라 장안으로 갔는지는 확실치 않다. 하지만 기원전 135년 즉, 사마천이 열 살이 되었을 때 '고문(古文)'을 배웠다고 하는데 고향에서 배운 것이 아닐 가능성도 많다.

'고문'이라는 것은 옛 글자를 가리키는 말이다. 한자는 아주 오랜 옛날부터 사용된 글자로 지금 우리가 알고 있는 한자는 '금문(今文)'에 속하고 그보다 더 오래된 글자체가 있어서 따로 공부하지 않으면 읽을 수가 없었다.

사마천은 당대의 명사인 동중서와 공안국에게서 유학을 배웠다. 동중서에게서 《춘추》를, 공안국에게서 《서경》을 배웠다고 한다. 이 영향은 《사기》 안에 깊이 배어 있다. 특히 《춘추》에 대해서는 더욱 그러했다.

사마천이 열아홉 살이 된 기원전 127년에 한무제는 무릉이라는 신도시를 건설했다. 엄밀히 말하면 무릉은 한무제의 무덤인데, 한무제는 즉위하자마자 무덤부터 만들기 시작했다. 무덤이 조성되자 근처에 신도시를 건설하고 관리와 부유한 사람들을 무릉으로 이주시켰다.

사마천의 집안도 이때 무릉으로 이주한 것으로 보이고, 이때 사마천은 곽해라는 유명한 협객을 직접 만나기도 했다. 곽해는 원래 가난해서 이주 대상이 아니었지만 워낙 명성이 높은 사람이어서 이주 대상이 되어 버린 불운의 사나이였다. 곽해의 협객행은 사마천에게 깊은 인상을 남겼다. 본래 곽해와 같은 사람은 법을 어지럽히는 데다가 역사의 흐름에 그 어떤 주도적인 역할을 남기지도 못해 사서에 기록을 남기지 않았다 해도 하나 이상할 것이 없었다. 그러나 사마천은 그를 위해서 긴 문장을 남겼고, 곽해와 같은 부류의 사람들을 모아서 〈유협열전〉이라는 별도의 장을 만들기까지 했다.

사마천은 스무 살이 되었을 때 천하를 유람했다. 한나라 다음의 진나라 때 갈홍이 쓴 책에 따르면 사마천은 이미 열세 살 때 관리가 되어 아버지의 명으로 천하를 돌며 사료를 모았다고 하는데, 이것은 아무래도 사실이 아닐 것 같다.

사마천은 전설상의 순임금과 우임금의 사적을 보기 위해 여행을 떠났는데, 이 여행의 경로는 진시황이 순행한 길과 같았다.

사마천은 초나라의 대시인 굴원이 자살한 강변을 찾아보고, 자신의 뜻을 펼치지 못하고 비극적으로 삶을 마감한 굴원을 위해 눈물을 흘렸다. 그리고 순임금이 묻혔다는 구의산을 찾아보았다. 구의산은 아홉 개의 봉우리가 비슷비슷해서 어디에 묻혔는지 잘 알 수가 없다 하여 의심의 뜻으로 쓰이는 말이기도 하다. 우리나라 신소설 중에 이해조가 쓴《구의산》이라는 소설이 있는데, 머리가 없어진 시체의 의문을 풀어 가는 내용의 소설이다.

사마천은 우임금의 전설이 어린 회계산을 들르고 여러 호수가 연달아 있는 오호를 감상하고 장강(양쯔강)을 넘어 한나라 개국공신 한신의 고향에 들렀다. 그다음에는 공자의 고향인 곡부에 들러 공자가 남긴 문화유산을 살피면서 큰 감동을 받았다.

사마천은 당시 중국을 거의 한 바퀴 도는 큰 여행을 하면서 역사의 현장을 둘러보며 깊은 감명을 받은 것 같다.

　　여행에서 돌아온 뒤 사마천은 관직에 올랐다. 그는 낭중이라는 벼슬에 올랐는데 낭중은 말단 관리 중 하나지만 황제를 호위하는 자리라서 출세의 지름길이 되는 자리기도 했다. 사마담은 태사령으로 고관이 아니었는데, 그의 아들인 사마천이 낭중이라는 요직을 어떻게 차지했는지는 알 수가 없다.

　　사마천은 낭중으로서, 또 태사령이 된 뒤에는 태사령으로서 무제를 따라 여러 번 여행을 떠났다. 이런 여행 때마다 보고 들은 것들이 《사기》의 집필에 큰 영향을 주었을 것이다.

　　기원전 111년, 사마천의 나이 서른다섯에 사마천은 서남 지역을 시찰하고 돌아오라는 명을 받았다. 서남 지역이라 함은 지금의 윈난성 일대로 중국의 서남쪽 끝부분이라 할 수 있다. 한무제는 사마천을 뛰어난 지혜와 탁월한 문장을 지닌 인재 중 하나라고 생각하고 있었다.

　　한무제는 정복 군주로 유명하다. 사방으로 정복 전쟁을 펼쳤는데, 그중에서도 제일 중요한 전쟁은 흉노와의 싸움이었다. 기원전 127년, 기원전 121년, 기원전 119년의 전투를 통해 흉노를 북쪽으로 밀어낸 한무제는 왕조가 전성기에 이르렀다고 생각하고 봉선대전을 올리기로 마음먹는다.

봉선대전은 '봉'과 '선'이라는 의식을 치르는 것으로, 천명을 받은 천자만이 거행할 수 있는 것이다. '봉'은 태산의 정상에서 하늘에 제사를 올리는 것이고, '선'은 태산 아래 있는 양보산에서 땅에 제사를 올리는 것이다.

진시황도 봉선대전을 치렀는데, 처음에 유학자들을 불러서 봉선대전의 의식에 대해서 물었지만 유학자들마다 말이 달랐기 때문에 진시황은 이들을 모두 내쫓고 비밀리에 봉선대전을 치렀다. 진시황이 태산에 올랐을 때 거센 폭풍우를 만났는데, 유학자들은 자신들을 쫓아낸 벌이라 생각하고 고소해했다.

한무제도 봉선대전의 의식을 유학자들에게 맡겼는데, 도무지 결과가 나오지 않았다. 유학자들은 그야말로 고리타분해서 갑론을박만 할 뿐, 어떻게 절차를 정해야 할지 의견을 모을 수 없었다. 결국 한무제는 스스로 봉선대전의 의식을 결정해 버렸다.

기원전 110년 사마천이 서남이에서 돌아왔을 때 한무제는 태산에 가 있는 상황이었다. 하지만 사마천은 바로 태산으로 갈 수가 없었다. 아버지 사마담이 위독했기 때문이었다. 사마담은 태사령의 직책에 있었으므로 당연히 봉선대전이라는 중대 의식에 참여해야 했으나 병이 깊어서 따라갈 수가 없었던 것 같다.

사마담은 울분에 차서 사마천에게 유언을 남겼다. 사마씨 집안은 주나라 때부터 사관의 직책에 있었으며 공자의 《춘추》 이후 제대로 된 역사책이 나오지 않았다는 점에 큰 책임을 느끼고 있었다. 그는 사마천에게 자신의 뒤를 이어 태사가 되어서 역사를 기록하라고 말했다. 사마천은 아버지의 사업을 이어받겠다고 말했다.

사마천의 《사기》는 사마천 홀로 이뤄 낸 역작이 아니다. 아버지 사마담이 모으고 기록한 것들을 기반으로 하여 만들어진 책이다.

사마천은 봉선에 참여한 뒤 그 기록을 《사기》 안에 자세히 남겼다. 사마천은 봉선대전 자체는 비난하지 않았지만 한무제가 신선을 만나기 위해 벌인 행각에 대해서는 매우 비판적으로 기술해 놓았다. 신선이 있다고 입으로 떠든 인간들은 많았지만 결국 아무도 신선을 데려오지 못했다는 것을 분명히 밝혀 놓았다. 고대 지식의 한계로 《사기》 안에서도 신비롭고 이상한 일들을 찾아볼 수도 있지만 이처럼 이성적인 판단에 의한 기록들이 훨씬 많다.

기원전 109년 한무제는 순행에 나섰다가 황하의 둑을 쌓는 공사를 감독하였다. 늘 둑이 터져 침수되던 곳을 수리한 것이다. 이 공사는 수만 대군을 동원하여 진행되었으며 성공적으로 마무리되었다. 사마천은 한무제를 수행하며 이 과정을 다 지켜보고《사기》〈하거서〉에 전말을 기록해 놓았다.

기원전 108년 사마천은 드디어 아버지 사마담의 뒤를 이어 태사령이 되었다. 《사기》는 이때부터 집필하기 시작한 것 같다. 태사령은 600석의 녹봉을 받는 직위로 직급은 낮았지만 경대부의 하나였다. 사마천은 궁궐 내에 비장된 사서들을 볼 수 있게 되었고 아버지가 남긴 자료와 비교해 가며 역사의 진위를 밝히는 작업에 몰두했다.

태사령의 임무는 역사에 관한 것에 한정되지 않는다. 천문, 역법, 점술이 모두 태사령이 관할하는 임무로, 기원전 104년에 역법 개정을 발의했다.

전국시대에 오행이론이 등장하여서 큰 영향력을 발휘하고 있었다. 국가가 어떤 오행에 기반하고 있는지 밝혀야 했다. 이런 미신이 영향력을 발휘하는 것은 아직 과학이 발달하지 못한 시대에서는 어쩔 수 없는 일이었다. 하지만 역법 개정은 단지 미신에 근거한 것은 아니었다. 원래 중국의 달력 제도는 음력에 바탕을 두고 있어서 오랜 시간이 지나면 자연현상과 달력이 서로 일치하지 않는 문제가 발생했다.

이때 만들어진 역법이 '태초력'인데 당대 제일의 천문학자들이 모두 참여하여 역법의 표준을 만들어 냈다. 1월이 이때 정월로 만들어졌다. 띠를 셀 때 쥐띠가 제일 처음에 오는데, 쥐띠를 한자로는 '자(子)'라고 쓴다. 1년은

12개월로 '자축인묘'로 시작되는 간지가 각각의 달에도 적용된다. 그러므로 얼핏 생각하기에는 1월은 자월이어야 할 것 같지만 원래 자월은 동지가 들어 있는 11월을 가리킨다. 고대에는 동지로부터 새로운 1년이 시작된다고 보았던 것이다. 그런데 사마천은 인월을 1년의 시작으로 놓았다. 그래서 오늘날에도 음력 정월은 인월이 된다. 이 개정에는 공자의 영향도 있었다. 공자는 하나라의 역법을 따라야 한다고 주장했는데 정월을 인월로 삼는 것은 하나라 방식이기도 했다. 그리고 이와 더불어 한나라는 오행 중에 토(土)를 바탕으로 성립된 나라라는 오행이 결정되었다. 토는 황토색을 숭상하고 숫자 5를 중시한다. 이에 맞춰 모든 제도가 정비되었다.

기원전 100년 북방으로 쫓겨 간 흉노의 선우가 사신을 보내 화친을 청했다. 한무제는 기뻐하며 사신으로 중랑장 소무를 보냈다. 하지만 흉노 선우는 뜻밖에도 소무를 억류하고 돌려보내지 않았다. 선우는 소무를 회유하고자 노력했지만 소무는 끝까지 굴복하지 않았고 19년간 유배당했다가 돌아올 수 있었다.

한무제는 흉노가 아직도 굴복하지 않은 점에 분개해서 정벌군을 파견했다. 이때 이릉도 정벌군에 참여했다. 이릉은 5천의 결사대로 흉노를 급습하겠다고 말했고 한무제는 기뻐하며 허락했다.

이릉은 용감하게 흉노를 향해 쳐들어갔지만 너무 적은 병력이었고 후방에서는 아무런 지원도 해 주지 않았다. 이릉은 첫 전투에서 3만 기병대를 무찌르고 다음 전투에서는 8만 기병을 물리쳤다. 하지만 거듭되는 역전에 이릉의 용맹한 군사들도 지칠 수밖에 없었다. 그리고 이때 부대 안에서 배신자가 나와 이릉 군은 숫자도 얼마 되지 않고 보급도 다 떨어졌다는 사실이 흉노에게 알려지고 말았다.

흉노는 대군으로 이릉 군을 포위 공격했다. 화살도 모두 떨어진 이릉 군은 더는 싸울 여력이 없었다. 이릉은 각자 포위를 뚫고 달아나라고 명하고 자신은 10여 명의 부하와 함께 끝까지 분전하다가 결국 항복하고 말았다.

10여 일에 걸친 격전으로 이릉의 부대 중에 살아남은 사람은 4백여 명에 불과했다. 하지만 이릉이 패하고 투항까지 했다는 사실에 한무제는 격분했다. 사마천은 이릉과 특별한 교분이 없었지만, 이릉이 용감히 싸웠음에도 그 싸움의 공마저도 비방하는 행태들에 참지 못하고 이릉의 전공을 이야기하며 이릉을 변호했다. 사마천은 이릉이 부득이하게 포로로 잡힌 것으로 이해하고 있었다. 이릉의 성품상 분명히 때가 되면 나라에 보답하고자 기회를 노리기 위해 목숨을 부지했으리라 생각하였다. 하지만 이릉을 칭찬한 행동은 무제의 더 큰 분노를 불러일으켰다. 이때 흉노 정벌의 최고 사령관은 이사장군 이광리였는데, 이광리는 한무제의 애첩 이부인의 오빠여서 그런 중책을 맡았던 인물이었다. 하지만 훗날 흉노와의 전쟁에서 패한 후 처형되었다.

한무제는 사마천이 이릉의 역전을 칭찬한 것은 이광리가 제대로 싸우지 않았다고 비난한 것으로 받아들였다. 더구나 한무제는 이미 그전부터 사마천을 못마땅하게 생각하고 있었다. 그것은 사마천이 쓰고 있던 역사서 때문이었다. 우연히 사마천의 기록을 본 한무제는 아버지 한경제의 단점을 거침없이 적은 것을 불쾌히 여겼다. 이런 감정까지 겹쳐져 사마천은 바로 투옥되고 말았다.

사마천이 옥에 갇힌 뒤에 이릉이 흉노의 군사들을 조련한다는 잘못된 정보까지 전해져 한무제는 이릉의 가족들을 모두 처형해 버렸고 사마천은 옥에서 나올 수 없게 되었다.

사마천의 죄는 황제를 기만한 것으로 그 처벌은 사형에 해당되었다. 사형을 면할 방법은 50만 전의 돈을 내거나 생식기를 자르는 궁형을 받는 것뿐이었다. 사마천은 부자가 아니었기 때문에 50만 전의 돈을 만들 방법이 전혀 없었다.

궁형은 당시 가장 치욕스러운 형벌이었다. 궁형을 받으면 내시가 되어 근무하게 된다. 그때까지 궁에서 얼굴을 마주치던 관료들을 어떻게 바라볼 수 있을 것인가? 사람 취급을 받지 못하는 내시가 되어 살아간다는 것은 대체 무슨 의미가 있을 것인가?

하지만 사마천은 여기서 삶을 포기할 수 없었다. 그는 해야 할 일이 있었다. 아버지가 유언으로 남긴 역사서의 편찬을 마쳐야만 했던 것이다. 그는 현세에 받아야 할 모욕을 감내하고 후대를 위한 위대한 임무에 종사하기로 마음먹었다.

궁형을 받은 사마천은 중서령의 직위를 받고 내시로 근무하게 되었다. 녹봉은 태사령일 때보다 오히려 높아졌다.

기원전 92년, 태자의 모반 사건이 벌어졌다. 이 일은 어이없는 무고로 시작된 것으로 늙어서 총기가 흐려진 한무제는 무고를 믿고 태자를 잡아 죽여 버리고 말았다. 이때 조정의 군사와 태자의 군사가 크게 충돌했는데, 사마천의 친구였던 임안도 이 일에 관련되어 옥에 갇히고 말았다. 임안은 태자의 부름에 응하는 척하고 따라가지 않았지만, 한무제는 부름에 응하는 척한 것조차도 참을 수가 없었다. 임안은 구명을 위해 사마천에게 도움을 요청했고 사마천이 보낸 답장이 《한서》에 실려 남아 있다. 이 편지는 정확한 날짜가 명기되어 있지 않아 어떤 학자는 이보다 먼저 쓰인 것이라 주장하기도 한다.

임안에게 쓴 편지를 보면 《사기》는 이때 완성을 눈앞에 두고 있었던 것 같다. 또한 《사기》의 집필 동기와 사마천이 겪은 고통에 대해서도 잘 알 수 있다.

사마천이 죽은 때는 정확하게 알려져 있지 않지만 대체로 한무제와 비슷한 시기에 죽은 것으로 여겨지고 있다. 그러나 사마천의 죽음이 언제인가는 중요하지 않다. 그는 그가 남긴 불멸의 역사서와 함께 역사 속에서 영원히 살아 있기 때문이다.

하지만 《사기》가 늘 칭송받았던 것은 아니다. 한때 《사기》는 '발분지서' 또는 '비방서'라는 평을 받으며 그 가치가 절하되어 있었다. 발분이라는 말은 분노를 표출하였다는 뜻이다. 그러므로 '발분지서'는 사마천이 분노에 차서 이 책을 만들었다는 말이 된다. 그것은 객관적이어야 할 사서에 개인감정이 들어가 있다는 뜻이 되니 좋은 말일 수가 없다. 그것을 보다 확실하게 말한 것이 바로 비방을 일삼는 책이라는 뜻의 '비방서'라는 말이다.

후한의 정치가 왕윤(그 유명한 초선의 양아버지다)은 《사기》에 대해서 이렇게 말했다.

"한무제가 사마천을 죽이지 않았더니 비방서를 만들어 후세에 전하였다."

삼국시대 위나라 명제는 "사마천은 형벌을 당하였기에 마음에 원한을 품고 《사기》를 저술하여 한무제를 폄하하고 후세 사람들의 원망을 샀다"고 말하기도 했다. 이처럼 《사기》에 대해서 평가 절하하는 시각이 있었던 것은 사실이다. 하지만 그것은 권력자들이 비판을 싫어하는 속성을 드러낸 탓일 뿐이다.

왕윤은 폭정을 일삼던 동탁을 몰아낸 뒤 동탁의 잔당으로 분류된 채옹을 죽이려 했다. 이때 사람들은 채옹이 역사서를 쓰고 있는데 그것을 완성할 수 있게 살려 달라고 청원했다. 왕윤은 그가 역사서를 쓰면 자신에 대한 안 좋은 이야기를 남길 것이 두려웠을지 모른다. 때문에 사마천을 핑계 대면서 채옹을 끝내 죽이게 한 것은 아닐까?

위나라 명제는 말할 것도 없는 최고 권력자였다. 명제가 저렇게 이야기하자 신하 왕숙은 명제의 말을 반박했다.

"사마천은 사실을 기록하면서 거짓으로 찬양하지 않았고, 잘못을 숨기지도 않았습니다. 한무제는 사마천이 쓴 경제와 자신의 기록을 보고는 분개해서 이 두 편을 삭제해 버렸습니다. 후에 이릉의 사건 때문에 사마천은 궁형을 받았습니다. 잘못을 숨기려 한 것은 한무제이지 사마천이 아닙니다."

《사기》의 형식은 그 후 동아시아 역사책을 만드는 데 지대한 영향을 미쳤다. 하지만 어떤 부분은 후대에 계승되지 못하기도 했다. 사마천은 역사에서 명분보다 실질을 더 숭상했다. 본기를 살펴보면 황제가 아니었던 〈여후본기〉가 들어 있다. 여후는 한고조의 황후로 황제가 아니었지만 사마천은 당시 황제였던 혜제를 제쳐 놓고 여후가 실제로 한나라를 통치했다고 생각해서 〈여후본기〉를 쓴 것이다. 또한 반란군으로 평가할 수도 있는 진승이나 항우의 본기도 만들었다. 이런 태도는 후대의 명분론에 사로잡힌 역사가들에게는 상상도 할 수 없는 일이었다. 또한 이렇게 실질을 숭상한 것 때문에 사마천을 비난하는 경우도 많았다.

당나라 때 《사통》이라는 역사학 책을 쓴 유지기는 사마천의 《사기》에 대해서 여러 비판을 가하면서 《사기》의 체제를 이어받은 《한서》를 훨씬 훌륭한 책으로 역사서의 모범이라고 말하고 있다. 유지기는 《사기》에 대해서 한 가지 사실이 여기저기 흩어져 있는 단점이 있다고 말하는데, 《사기》가 그렇게 만들어져 있는 것은 사실이다. 〈고조본기〉에는 〈항우본기〉를 보라고 하고, 〈항우본기〉에서는 〈고조본기〉를 보라는 식인데, 이것은 해당 사건이 어느 쪽에 더 비중을 갖느냐에 따라서 정교하게 나눠져 있는 것이라 단점이라면 단점이지만 장점이라면 장점이라 볼 수 있다. 이것은 마치 세계사를 시대별로 배우느냐, 각국별로 배우느냐와 같은 관점의 문제일 뿐이다.

사마천은 열전을 통해 전기문학의 길을 열었는데, 사마천의 놀라운 문학적 재주는 이후 중국 산문의 발전에도 큰 영향을 끼쳤다. 《사기》 열전의 어떤 글들은 한 편의 소설처럼 재미있다.

사마천은 몇 편의 부(고대 중국 시의 일종)를 남겼다고 하지만 현재 전해지는 것은 〈비사불우부〉 한 편뿐이다. 이 부의 뜻은 '때를 얻지 못한 선비의 노래'이다. 사마천의 심경과 감정을 잘 느낄 수 있는 시라 하겠다.

슬프다! 때를 얻지 못한 선비여,
홀로이 그림자만 돌아보니 참담하도다.
언제나 극기하여 예로 돌아가고
뜻과 행실이 알려지지 않을까 두려워했다.
재능을 믿어도 세상과는 어그러지니
죽음에 이를 때까지 부지런을 떨 수밖에.
형체가 있다 해도 드러낼 수 없으니
능력이 있다한들 펼칠 수가 없구나.
어이하여 곤궁함과 현달함은 사람을 미혹시키고

선함과 악함은 분별하기가 어려운가.

세월은 유장하고 거침없으니

마침내 몸을 굽혀 떨치지 않으리라.

공정하게 세상을 위하는 사람은 저와 내가 같으나

사사로이 자신을 위하는 사람은 슬퍼할 뿐이로다.

천도는 오묘하고

또 그렇게 성기기도 하구나.

세상의 이치는 명명백백하니

서로 다투고 빼앗는 것.

사는 것을 좋아하고 죽는 것을 싫어함은

재목이 비루한 탓이로다.

부귀를 좋아하고 가난을 업신여기는 것은

명철함을 어지럽힐지니.

분명하고 철저하게 통달해야

깨달음을 품게 되리.

어둡고 어두우면 깨달음을 얻지 못하고

몸 안에 독만 기르게 되리라.

내 마음을 현사가 헤아리고
내 말을 현사가 가려내리.
세상에 명성을 못 남기는 것을
고인은 부끄러워했네.
아침에 도를 들으면 저녁에 좋아도 좋으니
누가 아니라 하리오!
역경과 순조로움은 순환하니
갑자기 일어났다가 갑자기 사라진다.
도리도 믿을 수 없고
지혜도 믿을 수 없다.
복이라고 앞에 서지 말고
화 역시 건드리지 말라.
몸을 자연에 맡기고 하나가 되라.

기원전

● 145	● 141	● 140
사마천 출생.	한무제 즉위.	중국 최초의 연호 건원이 제정됨.

● 139	● 136	● 133
장건, 대월지와 동맹을 맺기 위해 떠남. 서역으로 가는 교통로를 개척함.	한무제, 오경박사를 설치함.	한무제, 마읍성으로 흉노 선우를 유인 공격하였으나 실패함.

● 127	● 126	● 121
사마천, 무릉으로 이주하여 협객 곽해를 만남.	사마천, 중국 전역을 일주하는 여행을 떠남 (여행에서 돌아온 후 낭중이 된 것으로 보이나 정확한 연대는 알 수 없음). 장건이 돌아옴.	문성장군의 사기가 드러나 처형됨. 곽거병이 흉노를 격파함.

● 117	● 112	● 111
곽거병 사망.	한무제의 지방 순시를 수행하여 공동산에 오름.	서남이 지방 시찰의 임무를 띠고 다녀옴. 한나라가 남월을 정벌함.

● 110	● 109	● 108
태사령 사마담 사망. 봉선에 참여함.	황하의 범람을 막는 대공사를 목격하고 《사기》〈하거서〉에 전말을 기록함.	한나라가 고조선을 정벌함. 사마천은 태사령의 지위에 오름. 봉선에 참여함.

● 106	● 104	● 103
한무제의 지방 순시를 수행함. 위청 사망.	사마천, 태초력을 완성함. 동중서 사망.	사마천, 《사기》 집필을 시작한 것으로 보임.

● 99	● 97	● 96
사마천, 이릉을 변호하다 감옥에 갇힘.	이릉이 흉노를 훈련시킨다 하여 일족이 몰살됨. 사마천, 궁형을 받음.	사마천, 중서령(내시가 받는 직책)이 됨.

● 91	● 87	
태자 무고 사건으로 친구 임안이 옥에 갇힘. 사마천이 편지를 씀.	한무제 사망. 사마천도 이 전후에 사망한 것으로 추정.	

1. '태사령'은 어떤 벼슬인가요? 1장 참조

2. 사마천은 왜 옥에 갇혔나요? 2장 참조

3. 《춘추》는 어떤 책인가요? 3장 참조

4. 사마천은 왜 견문이 좁은 사람과는 이야기를 나누기 어렵다고 생각했을까요?

그 대안은 무엇이었을까요? 4장, 5장 참조

5. 기록은 무슨 의미를 가질까요? 6장, 7장 참조

6. 사마천이 사형을 당하지 않는 데는 어떤 방법이 있었나요? 7장 참조

7. 우리가 옛일을 알아야 하는 이유는 무엇일까요? 8장 참조

8. 사마천이 역사 서술에서 가장 중시한 것은 무엇일까요? 8장 참조

* 읽고 풀기의 PDF는 blog.naver.com/totobook9에서

다운로드 받을 수 있습니다.

1. 태사령은 천문과 역법, 역사를 다루는 벼슬입니다. 이 시대의 천문에는 하늘의
   징조를 읽어서 앞날을 내다보는 것이 포함되어 있었습니다. 하는 일이 점쟁이나
   무당이 하는 것과 비슷하다고 사마천은 스스로를 비웃기도 했습니다.

2. 사마천은 흉노와의 전쟁에 나갔다가 항복한 이릉 때문에 옥에 갇히게 되었습니다.
   이릉은 적은 병력으로 대군을 맞아 용감히 싸웠으나 지원도 받지 못하고 부하들도
   대부분 죽어서 어쩔 수 없이 항복하였습니다. 사마천은 이 점을 이야기했을 뿐인데
   한무제는 사마천이 이광리를 모함하고 있다고 화를 내며 사마천을 감옥으로
   보냈습니다.

3. 《춘추》는 공자가 쓴 역사책입니다. 주로 춘추시대의 역사를 다루고 있습니다.
   공자는 자신의 도를 전할 수 있는 가장 좋은 방법이 《춘추》에 있다고
   생각했습니다. 《춘추》를 통해서 옳고 그름, 선하고 악함을 분별할 수 있도록
   만들었습니다. 사마천의 《사기》도 《춘추》의 뜻을 계승하고 있습니다. 다만
   《춘추》는 지극히 간략하게 만들어져서 오늘날 《춘추》만 보아서는 그 뜻을
   이해하기 힘듭니다. 그 때문에 오랜 옛날부터 《춘추》에 대한 해설서들이 만들어져
   왔습니다.

4. 기본 개념이 잡히지 않으면 서로 같은 주제로 이야기를 해도 논의가 산으로 가는

   일이 생깁니다. 토론을 하기 위해서는 같은 개념을 가지고 있어야 합니다. 또한

   토론 주제에 대한 이해도 있어야 합니다. 수학을 전혀 모르는 사람에게 미적분에

   대해서 이야기한다면 하나도 못 알아들을 것입니다. 인문학도 마찬가지여서

   아는 것이 하나도 없다면 이야기를 나누기가 어렵습니다. 더 큰 문제는 수학처럼

   전문용어를 사용하는 것이 아니라 인문학에서는 보통 쓰는 말을 사용하는 경우가

   많아서 마치 잘 아는 것처럼 생각할 수도 있다는 점입니다. 개념을 이해하기

   위해서 딱딱한 말로 정의를 내리는 것보다 즐겁고 재미난 이야기를 통해서 익히는

   것이 훨씬 쉬울 것입니다. 사마천은 〈골계열전〉과 같이 비유를 통해 쉽게 진리를

   깨우칠 수 있으며 그것이 역사를 써 나가는 하나의 방법이 된다고 생각했습니다.

5. 기록되지 않으면 그 일은 없는 것이나 다름없습니다. 기억하고 있는 일은 그

   기억을 가진 사람이 사라지면 잊힙니다. 때로는 기억을 잃어버리기도 합니다.

   우리는 모든 것을 다 기억하고 있지 못하기 때문에 글자를 만들어 기록을 남기게

   된 것입니다. 과거에는 기록이 적어서 문제였지만 오늘날에는 기록이 너무 많아서

   문제가 되고 있습니다. 기록 속에서 역사가 중시하는 문제를 골라낼 수 있는 눈을

길러야겠습니다.

6. 속전으로 50만 전을 내놓거나 생식기를 자르고 내시가 되는 궁형을 받는
   방법이 있었습니다. 사마천은 《사기》를 완성하기 위해 치욕을 감내하고 궁형을
   받아들이기로 했습니다.

7. 사람의 본성은 시간이 변해도 달라지지 않습니다. 역사 속에서 우리는 인간에
   대해서 더 많은 것을 알 수 있게 됩니다. 역사를 공부하는 가장 큰 이유는 지나
   온 옛사람들의 삶을 통해 오늘날 우리들에 대한 이해를 더 깊이 할 수 있다는
   점입니다.

8. 실질적인 역사의 주인공을 가리는 일입니다. 그것은 제왕일 수도 있고, 제후일
   수도 있고 평민일 수도 있습니다. 자신의 의지로 자신의 운명을 개척한 사람들을
   사마천은 높이 평가했습니다. 그리고 그런 사람들의 기록을 남기고자 했습니다.
   그것이 바로 지금까지 《사기》가 전하는 불멸의 정신입니다.

참고도서

사마천, 《사기》(전7권), 정범진 외 옮김, 까치, 1995

지전화이, 《사마천 평전》, 김이식·박정숙 옮김, 글항아리, 2012

버튼 윗슨, 《위대한 역사가 사마천》, 박혜숙 옮김, 한길사, 1995

천퉁성, 《역사의 혼 사마천》, 김은희·이주노 옮김, 이끌리오, 2002

천퉁성, 《사기의 탄생 그 3천년의 역사》, 장성철 옮김, 청계, 개정판 2006

사마천, 《사마천 사기》, 스진 엮음, 노만수 옮김, 일빛, 2009

김영수, 《역사의 등불 사마천, 피로 쓴 사기》, 창해, 2006

후지타 가쓰히사, 《사기를 탄생시킨 사마천의 여행》, 주혜란 옮김, 이른아침, 2004